내 아이의
적응지능

일러두기

- 이 책에 등장하는 사례들은 실제 상담 사례를 바탕으로 재구성한 것으로, 인물의 이름은 모두 가명을 사용했습니다.
- 이 책에 언급된 나이는 모두 만 나이를 기준으로 합니다.

서울대 뇌과학 박사 엄마가 알려주는
내면이 강한 아이들의 비결

내 아이의 적응지능

방성애 지음

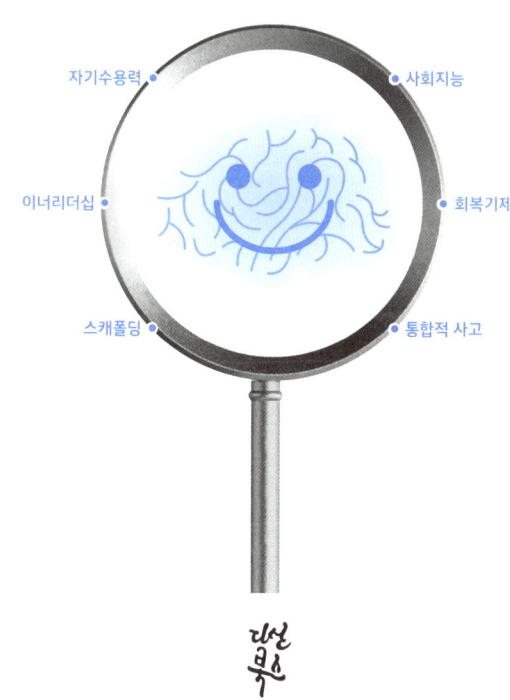

프롤로그

아이의 시간은 멈춰도
엄마는 멈출 수 없습니다

'엄마가 되길 참 잘했다'라고 느꼈던 순간을 기억하시나요?

저는 제 아이 하은이가 처음으로 "엄마"라고 불렀던 날을 지금도 생생하게 기억합니다. 이제 막 한 살이 된 아기의 어설픈 옹알이였지만 그 순간 고단했던 마음이 녹아내리고 온 세상이 하은이로만 가득 차는 것 같았습니다. 아이가 점차 단어를 배우고 문장을 말하기 시작하며 아이와의 대화는 더없는 즐거움이 되었죠. 아이와 이야기할 때면 온 세상이 신기함으로 가득했습니다. 땅 위를 기어다니는 개미도, 하늘에 떠 있는 구름도, 심지어 식탁 위의 브로콜리도 재미있는 소재가 되었어요. 하은이는 이 세상 모든 것을 관찰하고 온종일 작은 새처럼 제게 전해주었습니다.

그런 하은이가 이상하게도 문밖으로 나가기만 하면 입을 굳게 닫았습니다. 집에서는 목청껏 노래를 부르다가도 밖에만 나가면 한마디도 하지 않았죠. 길에서 만난 누군가가 인사를 하면 얼른 제 등 뒤로 숨었고, 놀이터에서도 다른 아이가 다가오면 집에 가자며 제 손을 끌어당겼습니다.

처음엔 그저 수줍음 많은 성격이라고만 생각했습니다. 적극적이고 활발한 아이가 있듯이 소극적이고 낯가리는 아이도 있기 마련이니까요. 하은이는 그런 아이라고, 친구들을 자주 만나고 다양한 환경을 접하다 보면 자연스럽게 타인과 어울리는 법을 배우게 될 거라고 생각했습니다. 하지만 아이는 친구들과 어울리려고 하면 할수록, 다양한 곳을 경험할수록 급격한 감정 변화를 느끼며 불안해했습니다. 그렇게 제 딸 하은이는 소아 불안과 선택적 함구증을 진단받았습니다.

저는 심리학과 인지심리학을 전공했고 11년간 대학병원에서 인지신경 심리평가 등의 임상 연구를 맡았습니다. 서울대 의과대학에서 뇌신경과학으로 박사 학위까지 취득했죠. 오랫동안 심리학과 뇌과학을 공부하며 과학적 결과와 데이터를 보아왔는데도, 막상 내 아이가 소아 불안과 선택적 함구증을 진단받자 그 어떤 객관적인 판단도 시각도 가질 수 없었습니다.

'누구보다 최선을 다해 키웠는데.
건강히 잘 자라고 있다고 믿었는데……
대체 어디서부터 잘못된 걸까?'

여느 엄마들처럼 매일 자책했고, 그동안 아이가 말하지 못했을 괴로움에 눈물 흘렸습니다. 무엇보다 마음 아픈 것은 내 아이의 시간만 멈췄다는 사실이었습니다. 아이가 또래보다 느리다는 사실을 받아들이는 것은 예상보다 더욱 어려운 일이었죠. 또래의 아이들이 친구를 사귀고 세상을 배우고 장래를 위한 교육을 차근차근 준비할 때, 하은이는 인사 한마디조차 꺼내지 못한다는 현실이 저를 더욱 초조하게 옥죄었습니다. 빠르게 흘러가는 세상 속에서 저와 하은이만 멈춰 있는 듯했습니다.

하지만 엄마라는 자리는 계속 멈춰 있을 수 없는 자리였습니다. 불안 속에서 입을 다물어버린 아이의 마음을 듣는 법을 찾아야만 했습니다. 세상의 속도에 맞추려 무리해서 아이를 끌고 가는 것이 아니라, 천천히 아이에게 맞는 성장 방식을 찾아나가기로 했습니다. 그러자 영영 멈춰버린 듯했던 아이 또한 자신만의 속도를 찾아 한 발 한 발 앞으로 나아가기 시작했습니다. 누군가의 눈에는 한없이 느리기만 한 걸음일 테지만, 그 멈춤의 시간 속에서 저와 하은이는 조금 더 강하고 조금 더 단단해졌습니다.

**아이는 처음 살아보는 아이의 삶에,
저는 엄마라는 저의 새로운 삶의 형태에
'적응'할 시간이 필요했던 것입니다.**

　내 아이에게 닥친 문제 앞에서 부모라면 누구나 두렵고 초조할 수밖에 없습니다. 아이의 친구들을 볼 때마다 조바심이 들고, 내 아이만 뒤처질까 조급한 마음이 드는 것도 당연하죠. 저 또한 같은 엄마의 입장이기에 그 마음을 누구보다도 가까이 이해합니다.

　그러나 동시에 뇌과학 전문가이자 아동학습역량상담 전문가의 시선에서 바라보자면, 부모가 흔들릴 때 아이는 절대 방향을 잡을 수 없습니다. 결국 제대로 마음을 전하지 못한 채 오늘도 꾸중만 하는 부모님들, 이런저런 조언에 휩쓸리다가 끝내 아이와의 관계마저 망가트리는 부모님들을 지켜보며, 우리에게 올바른 방향을 알려줄 길잡이가 필요하다는 절실함이 생겼습니다.

　그래서 저는 이 책을 통해 '적응지능(AQ, Adaptive intelligence Quotient)'을 이야기하고자 합니다. 아이와 함께 겪은 멈춤의 시간 속에서 저는 쉽게 불안에 빠지는 아이에게 필요한 것이 바로 '적응 잘하는 능력'이라는 사실을 깨달았습니다. 시시각각 변화하는 세상 속에서 아이가 자신의 중심을 지키기 위해서는 때로는 휘어질 줄도, 때로는 단단해질 줄도 아는 힘을 가져야 합니다. 우리 아이들이 어디에 있든 나다움을 잃지 않고 살아가도록 돕는 그 능력이 바로 적응지능입니다.

이 책에서는 적응지능의 여섯 가지 역량을 통해 내면이 강한 아이 키우는 비결을 소개하려 합니다. 자신의 장단점을 모두 건강하게 인정하는 아이로 키우는 '자기수용력', 시키지 않아도 스스로 계획하고 실천하는 아이를 만드는 '이너리더십(inner leadership)', 부모를 믿고 안정적으로 성장하는 아이 키우는 '스캐폴딩(scaffolding)', 관계 안에서 쉽게 상처 받지 않도록 돕는 '사회지능', 넘어져도 다시 일어나는 힘을 키우는 '회복기제', 변화를 피하지 않고 즐겁게 만드는 '통합적 사고'가 바로 그것입니다.

이 여섯 가지 역량을 통해 변화를 어려워하던 아이는 나다운 '나'를 발견하고, '우리' 안에서 안정감을 찾고, 두려움 없이 '세상'으로 나아가는 방법을 배울 수 있습니다. 그 방법을 10년 동안 뇌과학과 인지심리학을 연구한 전문가로서, 또 선택적 함구증을 가진 아이를 키운 엄마로서 알려드리고자 합니다.

세상은 빠르게 변화하고, 우리 아이들이 경험하는 사회 또한 매일 달라지고 있습니다. 우리의 부모님과 우리가 자랐던 환경이 달랐던 것처럼, 우리 아이들이 자라는 환경은 더 빠르게, 어쩌면 부정적으로 변하고 있을지도 모릅니다. 하지만 그 가운데 변하지 않는 한 가지가 있습니다. 그것은 바로 '육아란 아이의 힘을 믿어주는 과정'이라는 사실입니다. 결과가 눈에 보이지 않아 힘들어도, 부정적인 생각에 미래가 막막하게 느껴져도, 지쳐서 모든 걸 포기하고 싶어도 부모는 아이를 믿고 함께 내일로 나아가야 합니다. 적응지능은 그 과정에 튼튼한 토대가 되어줄 최고의 도구이자 힘입니다.

옆 사람은 어느 순간 앞으로 나아가 보이지 않는데 여전히 같은 자리에 멈춰 선 내가 부끄러울 때가 있습니다. 하지만 멈춰도 괜찮습니다. 잠시 멈춰 있는 동안에 다음 걸음을 단단하게 지탱할 도움닫기를 준비하면 되니까요. 부디 이 책이 그 도움닫기를 시작할 용기를 줄 수 있으면 좋겠습니다. 불안한 마음으로 책을 집어 든 모든 부모님이 아이와 함께 천천히 자신의 속도를 찾아가기를, 부모가 되기를 참 잘했다고 느끼는 순간을 다시 한번 만나게 되기를 응원합니다.

우리아이 교육연구소 대표
의학박사 방성애

차례

4 　프롤로그 | 아이의 시간은 멈춰도 엄마는 멈출 수 없습니다

· PART 1 ·
적응지능
: 지금 우리 아이에게 꼭 필요한 마음의 힘

01 문밖의 세상을 두려워하는 아이들
17 　"어머니, 아이가 친구들과 대화를 하지 않아요"
25 　아이 자신만큼 완벽한 육아서는 없다
30 　아이의 불안감을 인정해 줘야 하는 이유
34 　홀로 세상 앞에 설 아이를 위한다면

02 자신을 믿고 새로운 세상으로 나아가는 힘
39 　조금 다른 우리 아이, 적응이 문제였다면?
43 　새로운 세상에선 IQ, EQ보다 적응지능(AQ)이 먼저다
47 　세상과 우리와 나를 연결하는 6가지 역량
56 　아이의 성장 단계마다 꼭 필요한 적응지능
61 　AI 시대를 살아갈 아이에게 적응지능이 필수인 이유

· PART 2 ·

나

: 단단한 내면으로 나답게 살아가는 아이

03 [자기수용력] 있는 그대로의 자신을 건강하게 인정하는 능력

- 69 미운 네 살과 더 미운 일곱 살, 스스로 바로 서는 나이
- 76 자존감보다 더 중요한 아이의 자기수용력
- 82 부모의 기대와 격려 속에서 자기수용력이 자라난다
- 89 **부록** | 부모와 아이가 함께하는 자기수용력 활동지

04 [이너리더십] 스스로 리더가 되어 자기 자신을 이끄는 능력

- 95 동기도 의지도 없이 무기력한 진짜 이유
- 100 **이너리더십 1: 주도성** 스스로 계획하고 실천하는 힘
- 107 **이너리더십 2: 지속성** 쉽게 포기하지 않고 다시 해보는 힘
- 113 **이너리더십 3: 성공적인 실패** 크고 작은 좌절을 툭툭 털고 일어서는 힘
- 120 **부록** | 이너리더십을 단단하게 쌓는 8단계 공식

· PART 3 ·

우리

: 관계 속에서 조화롭게 살아가는 아이

05 [스캐폴딩] 흔들리지 않는 믿음으로 아이의 마음에 안정감을 주는 조력

- 127 훈육이 필요한 순간 vs. 위로가 필요한 순간

132 모든 부모의 첫 번째 역할, 내 아이의 안전기지
139 믿음을 먹고 자란 아이는 더 단단하게 자립한다
143 부모는 잘 모르는 내 아이의 '도달 가능 영역'
150 **부록** | 아이의 근접발달영역과 부모가 제공해야 할 스캐폴딩 파악하기

06 [사회지능] 어떤 관계에서도 쉽게 상처 받지 않는 능력

153 가짜 사회성을 강요하고 있다면
157 타인을 이해하고 자기 생각을 표현하는 아이
164 존중도 잘 배운 아이가 잘한다
170 "이 선 넘으면 침범이야!" 관계 속 아이의 기준 세우기
176 우리 아이의 온라인 친구들, 정말 괜찮을까?
180 **부록** | 다양한 관계의 깊이를 알려줄 사회지능 대화법

• PART 4 •

세상

: 두려움 없이 미래를 꿈꾸는 아이

07 [회복기제] 실패를 긍정적으로 바라보는 능력

187 상처는 피할 수 없지만 회복은 선택할 수 있다
192 아이의 마음을 돌보는 자동화 프로세스 BRAVO

195 **회복기제 1단계: B 숨쉬기**
차분히 아이의 마음 상태 점검하기

198 **회복기제 2단계: R 함께하기**
아이의 문제가 아닌 우리의 문제로 바라보기

203 **회복기제 3단계: A 마주하기**
마음의 문제를 받아들이고 회복의 시간을 갖기

209   회복기제 4단계: V 가치 있는 목표 찾기
       아이 스스로 내면적 가치 점검하기

213   회복기제 5단계: O 극복 경험 쌓기
       '작은 성공'으로 상처를 이겨내기

219   **부록** | 부모와 아이가 함께 숨을 고르는 BRAVO 연습

08 [통합적 사고] 변화를 두려워하기보다 즐기는 능력

223   왜 우리 아이는 작은 변화도 두려워할까?
230   부모가 건네는 최고의 질문, "왜 그렇게 생각해?"
236   아이는 실패를 통해 미래를 준비한다
240   내일을 기대하는 아이로 키우고 싶다면
244   **부록** | 통합적 사고를 기르는 '현명한 해결 방법' 찾기

· PART 5 ·

부모에게도 적응지능이 필요하다

---

249   완벽한 부모가 되고 싶다는 환상
251   아이가 자라듯 부모도 자라야 한다
256   현재가 아이 인생의 전부는 아니기에
259   "오늘도 사랑했다면 그걸로 충분해"

PART 1

적응지능

지금 우리 아이에게
꼭 필요한
마음의 힘

내 아이가 불안해할 때, 아이의 마음이 휘청거릴 때, 그 두려움 탓에 세상으로 나아가기를 거부할 때, 옆에서 지켜보는 부모의 마음 또한 함께 흔들릴 수밖에 없습니다. 아직 자기 언어로 감정을 말하기 어려워하는 아이를 지켜보며 부모는 수없이 스스로에게 물었을 것입니다.

'지금 우리 아이에게 꼭 필요한 마음의 힘이 무엇일까?'
'우리 아이의 내면을 단단하게 만들기 위해 내가 뭘 해줘야 할까?'

이 고민의 방향을 짚어줄 나침반이 '적응지능'입니다. PART 1에서는 적응지능의 개념과 중요성을 소개하고, 저희 아이가 겪은 부적응의 시간과 아이의 적응지능을 키우며 얻은 성장과 회복의 경험을 나눠 보고자 합니다.

01

문밖의 세상을 두려워하는 아이들

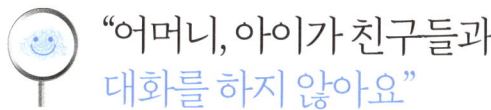
"어머니, 아이가 친구들과 대화를 하지 않아요"

사람은 저마다 다릅니다. 당연히 아이들도 똑같은 아이는 한 명도 없습니다. 쌍둥이도 성격이 다르다고 하죠. 길이나 학교에서 마주치는 아이들을 가만히 지켜보세요. 막 걸음마를 하는 어린아이들도 저마다 다른 성격을 갖고 있다는 걸 알게 됩니다. 어떤 아이는 처음 보는 낯선 사람에게도 금세 미소 짓지만, 어떤 아이는 고개를 획 돌리고 눈길조차 주지 않죠. 또 어떤 아이는 큰 소리로 울어버리기도 합니다.

이렇게 다양한 성격을 가진 아이들 속에서 저희 하은이는 유독 더 낯가림이 심한 아이였습니다. 유아기 때부터 가족 외의 사람들에게는 곁을 잘 내주지 않았죠. 새로운 장난감을 사줘도 한참을 들여다보고 어느 정도 익숙해진 후에야 놀이를 시작했습니다. 또래보다 낯을 많이 가리긴 했지만 저도 어릴 때는 내성적인 성격이었기에 문제가 있다고 생각하진 않았습니다.

'타고난 기질일 뿐인데 큰 문제가 있을까?'

그렇게 아이가 자라 네 살이 되어 처음으로 어린이집에 갔을 때도 아이는 저와 떨어지는 것을 힘들어했습니다. 악을 쓰며 우는 하은이를 어린이집 선생님께 맡길 때마다 마음이 무거웠지만, 그래도 이 또한 지나가는 과정이라 생각하며 스스로를 다잡았습니다. 처음 경험하는 환경에 적응하는 과정은 누구나 거쳐야 하는 일이라고 생각했으니까요.

'대부분의 아이들이 처음 등원할 땐 힘들어한다고들 하니까……
지내다 보면 점차 나아지겠지.'

제 바람과 달리 며칠 뒤 하은이는 밤에 자다 깨어 갑자기 소리를 지르기 시작했습니다. 헛것이라도 본 듯 소스라치게 놀라며 팔을 허공에 휘젓고 비명을 지르다 끝내 경기를 일으켰습니다. 울다가 쓰러진 하은이를 품에 안고서야 번뜩 마음이 내려앉았습니다.

'정말 지나가는 과정일 뿐일까?'

결국 1년 동안 추가로 가정 보육을 하기로 결정했습니다. 그리고 그 시간 동안 매일 놀이터나 키즈카페를 찾으며 다양한 사람들과 마주할 수 있도록 했습니다. 낯선 환경을 힘들어하는 아이가 조금이라도 더 다양한 경험을 하며 환경에 적응하기를 바랐기 때문이었습니다.

평일 오전의 놀이터는 무척 한산합니다. 조용한 놀이터에서 하은이와 저는 신나게 뛰어놀았죠. 하지만 누군가 다가오는 순간, 하은이는 곧장 놀이를 멈추고 굳어버렸습니다. 저는 아이의 손을 잡고 인사를 건네기도 하고, 다른 친구와 함께 놀자고 얘기도 하고, 그게 불편하면 다른 놀이기구를 타도 괜찮다고 했습니다. 그럴 때마다 하은이는 갑자기 화장실이 급하다거나 배가 고프다며 제 손을 끌어당겨 집으로 향했습니다.

그렇게 1년을 보낸 뒤 다시 어린이집에 등원했을 때 하은이는 전과 사뭇 다른 모습을 보였습니다. 여전히 저와 헤어지는 것을 힘들어했지만 밤에 자다가 깨어 경기를 일으키지도 않았고, 집에 돌아와서는 어린이집에서 어떤 일이 있었는지 조잘조잘 이야기하기도 했죠. "오늘은 세연이가 밥을 먹기 싫다고 울었어요" "오늘은 선생님이랑 퍼즐 게임을 했는데 재밌었어요" "세연이랑 서빈이가 퍼즐 게임을 하다가 이겨서 하이파이브를 했어요." 어린이집에서 있었던 일을 상세히 설명해 주는 아이를 보며 그제야 안도감이 들었습니다.

그렇게 다시 1년이 지나 하은이가 여섯 살이 된 무렵, 어린이집 선생님과의 상담에서 충격적인 말을 듣게 되었습니다.

"어머니, 하은이가 친구들과 대화를 하지 않아요. 친구들이 물어봐도 '응, 아니'라는 대답도 하지 않아요. 그러다 보니 친구들과 잘 어울리지를 못하네요."

너무나 갑작스러운 이야기였습니다. 이제는 낯가림을 극복하고 잘 지내고 있다고 생각했는데, 그럼 그동안 필요한 것이나 불편한 것이 있을 때는 어떻게 해결했을까 싶었죠.

"혹시 아이가 선생님께는 말을 하나요?"

"네, 필요한 게 생기면 저에게는 와서 '화장실 가고 싶어요', '목말라요'라고 귓속말로 말해요."

그제야 알게 되었습니다. 그동안 아이가 집에서 이야기한 하루 일과는 전부 관찰의 결과였다는 것을요. 하은이는 여전히 어린이집에 적응하지 못한 채 혼자 하루를 보내고 있었습니다. 집에서는 엄마 옆을 따라다니며 종알종알 이야기를 늘어놓는 아이가 문밖만 나서면 온종일 한마디도 하지 못하다니, 믿기지 않았습니다.

'우리 아이의 마음에 큰일이 벌어지고 있었구나.'

그 뒤로 쉽게 잠들 수 없는 밤이 시작되었습니다. 며칠 동안 인터넷과 커뮤니티를 뒤지며 비슷한 사례가 없는지, 부모의 노력으로 해결할 수 있는 문제인지 찾아보았습니다. 그 끝에 우선 상황을 정확하게 진단받아야겠다는 생각이 들었습니다. 아이의 상태가 걱정되는 마음이 첫 번째였지만, 한편으로는 아이에게 아무 문제가 없다는 것을 인정받고 싶다는 바람도 있었습니다.

두 군데의 심리센터를 거쳐 대학병원에서 받은 하은이의 진단명은 선택적 함구증과 소아 불안. 집에서는 밝고 활기차던 저희 아이가 불안 장애를 갖고 있었습니다.

불안 증세를 완화하기 위해 가장 먼저 놀이 치료를 시도했습니다. 하지만 함구증을 앓는 아이에게는 치료 선생님을 만나는 것조차 벅찬 일이었죠. 치료 내내 하은이는 한마디도 대답하지 않은 채 엄마 옆에만 붙어 있었고, 몇 번의 치료 후에는 아예 센터 입구에서 들어가지 않겠다며 발버둥을 쳤습니다. 엄마와 함께하는 방식의 치료를 시도해 봐도 아이의 분리불안이 심해 큰 진전이 없었습니다. 조금이라도 직극적인 치료를 시도할 때마다 아이가 완상히 거부한 탓에 악순환만 반복되었습니다.

병원에 다녀봐도 아이의 상태에 차도가 보이질 않자 저 또한 조급해지기 시작했습니다. 낮 동안에는 간신히 눈물을 참다가 아이가 잠들고 난 한밤중에 숨죽여 우는 날들이 이어졌습니다. 다른 아이들처럼 나이에 맞춘 교육은 생각조차 하지 못했습니다. 유아기의 교육은 대부분 놀이와 대화로 진행되기에 입을 열지 않는 아이에게는 그저 무용지물이었습니다.

모든 엄마들이 그러듯 저는 스스로를 탓하기 시작했습니다.

사실 하은이가 받은 검사 중에 제가 모르는 검사는 하나도 없었습니다. 십수 년을 대학병원에서 일하며 심리학과 신경심리를 전공하고 마음의 문제를 연구해 왔다는 사람이 정작 딸아이의 마음조차 알아차리지 못하다니. 그때까지 제게 심리적 검사는 환자의 마음을 객관적이고 과학적으로 측정하는 도구였습니다. 그 검사로 얻은 점수와 데이터로 환자를 합리적으로 이해할 수 있다고 믿어왔죠.

하지만 그 숫자들이 막상 제 아이의 이름 아래에 붙자 전과는 다르게 와닿았습니다. 검사지 속 숫자는 단순한 수치가 아니라 우리 아이의 불안과 두려움의 양이었습니다. 그것을 알게 된 순간 마음이 무너져 내렸습니다. 평균치보다 훨씬 솟아오른 막대그래프는 지금껏 알아차리지 못한 내 아이의 아픔이었습니다.

매일 밤 힘겹게 고민한 끝에 저는 하은이의 문제를 부모로서 해결해 나가겠다고 결론을 내렸습니다. 정확한 진단명과 아이의 심리를 말해주는 숫자들이 있지만, 그럼에도 하은이를 치료가 필요한 대상으로만 대할 수는 없었습니다. 저는 하은이의 엄마니까요. 심리학자나 의사는 환자의 다친 마음을 수치화해 치료할 수 있지만, 그 아픔을 사랑으로 보듬어주지는 못하죠. 하지만 그 일을 엄마는 해낼 수 있습니다.

'결과지의 숫자가 하은이는 아니야. 하은이의 마음속에 세상에 대한 두려움이 있다면 나는 그 두려움에 귀를 기울여야 해. 숫자가 아니라 하은이의 마음을 들여다봐야 해.'

걸음마를 시작하던 아이가 넘어지지 않도록 뒤에서 든든히 기다렸듯, 세상을 두려워하는 아이의 뒤에서 함께 천천히 걸어가기로 결심했습니다.

● TIP ●

우리 아이
지금 불안에 빠진 것은 아닐까?

아이의 마음에 불안이 싹트고 있는 건 아닐까 고민이 될 때는 아이가 아래처럼 평소와 다른 모습을 보이는지 유심히 지켜봐 주세요. 부모의 꾸준한 관심만이 아이의 마음 상태를 알아챌 비법입니다.

- ☐ 아직 일어나지 않은 일들을 끊임없이 걱정한다.
- ☐ 평소와 다르게 유난히 양육자와 떨어지지 않으려 한다.
- ☐ 일이 마음대로 되지 않으면 과하게 울거나 짜증을 낸다.
- ☐ 자주 피곤해하고 아무것도 하고 싶어 하지 않는다.
- ☐ 유치원이나 학교에서 친구와 어떻게 지내는지 전혀 이야기하지 않는다.
- ☐ 친구들이 자신에 대해 어떻게 생각하는지 자주 걱정하거나 친구들이 자신을 싫어한다고 말한다.
- ☐ 실수나 잘못이 드러나는 것을 숨기려고 한다.
- ☐ "나는 못해", "내가 싫어"라는 말을 자주 한다.

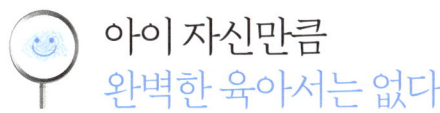
아이 자신만큼 완벽한 육아서는 없다

엄마로서 아이와 천천히 걸어가겠다고 굳게 다짐했지만 사실 회복의 과정은 저와 아이 모두에게 쉽지 않았습니다.

세상에는 수많은 육아 교육서와 논문, 상담 사례가 있지만 정작 내 아이에게 딱 맞는 해결책을 찾기는 어렵죠. 저 또한 유명한 전문가가 알려준 대화법, 여러 책에서 추천하는 육아 팁 등을 다양하게 시도해 봤지만, 무엇도 완벽한 해결책은 아니었습니다. 심지어 어떤 육아법은 아이가 완강하게 거부하는 바람에 중도에 그만두기도 했습니다.

예를 들어 '선택권을 주는 대화법'을 실전했을 때가 그랬습니다. "파란 옷이 좋을까, 노란 옷이 좋을까?"라는 식으로 아이가 직접 결정을 내릴 수 있게 유도하는 이 대화법은 아이의 자율성을 기르기에 효과적이라 이미 많은 육아서에서 권장해 온 방법이었죠. 하지만 이 육아법을 시도할 때마다 저희 아이는 매번 괴로워했습니다. 불안도가 높은 아이에게 아무 조건 없이 선택지를 쥐어주는 것은 오히려 그 불안에 불을 지피는 일이었습니다. 하은이는 작은 선택지 앞에서도 크게 스트레스를 받았고, 선택을 내린 뒤에도 그 결정을 후회하며 울음을 터뜨렸습니다. 결국 저는 애써 시도한 육아법을 또다시 그만둘 수밖에 없었습니다.

이렇듯 모두에게 정답이라는 육아 팁도 제 아이에게 적용했을 때는 오답이 되고는 했습니다. 그런 실패를 반복해서 겪다 보니 도대체 맞는 방법이 무엇인지 모르겠다는 생각이 들기 시작했습니다. 저로서는 나름 아이를 위해 시도해 본 일들인데, 이 노력이 반대로 아이에게 부정적인 감정만 남기는 건 아닐지, 이러다 아이와의 사이마저 나빠지면 어쩌지하며 불안하고 무기력해지기도 했습니다.

그러다 어느 날 문득 해답을 얻었습니다. 그맘때 하은이가 가장 어려워하던 일 중 하나는 부정적인 감정을 소화하는 것이었는데, 마음에 들지 않는 일이 생겼을 때나 어떤 일을 제대로 해내지 못하고 망쳐버릴 것만 같을 때, 그 불안함에 마음이 조급해질 때마다 하은이는 감정을 감당하지 못하고 폭발할 듯이 울며 소리를 지르고는 했습니다.

그날 또한 마찬가지였죠. 거실에서 놀던 하은이는 쌓고 있던 장난감이 무너지자 마구잡이로 화를 냈습니다. 저는 수많은 육아서의 조언에 따라 실수해도 괜찮다며 아이를 달래보기도 하고, 다시 해보자고 용기를 북돋기도 했습니다. 하지만 이미 감정이 고조된 아이에게는 제 말이 닿지 않았습니다. 아이는 계속 울고 발버둥 치고 목을 손톱으로 긁어대며 스스로 상처까지 입혔습니다.

순간 소리를 질러 아이를 막고 싶은 마음이 치솟았습니다. 겨우 참아내는 사이 아이의 목과 얼굴 곳곳이 빨갛게 부어올랐습니다. 저는 우선 제 감정부터 진정시켜야 한다는 생각에 잠시 아이와 함께 있던 자리에서 벗어나 찬물을 한잔 마시고 혼자만의 시간을 가졌습니다.

이 무렵 아이는 앤서니 브라운Anthony Browne의 『우리는 친구』(2008, 웅진주니어)라는 동화책을 좋아했습니다. 동화 속 고릴라는 수화를 통해 텔레비전과 소파, 장난감 등 원하는 물건을 뭐든지 얻을 수 있었죠. 하지만 갖고 싶은 것을 전부 얻고도 외로움을 채우지 못한 고릴라는 어느 날 사육사들에게 손짓으로 이렇게 말합니다.

자신의 가슴을 검지로 가리키며 "나는", 어깨동무를 하는 듯한 손짓으로 "친구가", 손바닥이 위로 향하게 손을 들어 올리며 "필요해요"라고요.

마음을 가다듬고 있던 저에게 하은이는 한참을 울어 벌게진 얼굴로 다가와 울먹이며 손짓으로 말했습니다. 손가락으로 자신을 가리키며 "나는", 어깨동무하듯 "친구가", 손바닥을 위로 향하며 "필요해요".

그때 깨달았습니다. 그간 아이를 치료하겠다는 생각에 매몰되어 아이의 마음을 있는 그대로 알아주는 일을 간과했다는 것을요.

'여러 육아서에서 한목소리로 좋다고 말하는 이 방법이
왜 우리 아이에게는 아무런 효과가 없을까?'

육아책을 열심히 본 부모라면, 아니 유명한 육아책을 한 권이라도 본 부모라면 누구나 한 번쯤 해봤을 법한 생각입니다. 물론 전문가가 알려주는 육아법은 아이를 키우는 험난한 여정에서 훌륭한 길잡이가 되어주기도 하죠. 하지만 내 아이의 행동을 책에서 본 대로만 해결하려고 하는 것이 과연 올바른 방향일까요?

그보다는 아이의 본질을 들여다보는 일이 우선시되어야 합니다. 아이를 지켜보고 아이의 입장에서 상황을 살펴보는 것만으로도 꽤 많은 문제가 해결되기 때문입니다. 무엇이 우리 아이를 불편하게 만드는지, 아이가 어떤 상황을 유독 힘들어하는지, 반대로 아이가 안정감을 느끼는 상황과 요소는 무엇인지 등 문제를 해결할 답은 이미 아이의 안에 있습니다. 부모는 그 마음을 전문가의 육아서를 정독하듯 꼼꼼하게 읽고 파악해야 합니다. 아이 자신만큼 완벽한 육아서는 어디에도 없으니까요.

그 이후로 저는 무리하게 시도했던 육아법을 그만두었습니다. 육아서에서 강조한 방법이 왜 우리 아이에게는 아무 효과가 없을까 고민할 시간에 아이의 마음에 귀를 기울이기로 결심했습니다.

아이를 있는 그대로 바라보고 이해하는 것, 이를 통해 아이가 '나'다움을 찾도록 돕는 것, 그렇게 발견한 '자신'이 세상에 휩쓸려 사라지지 않도록 지키는 것. 이 깨달음이 아이의 적응지능을 발달시키는 첫 발걸음이니까요.

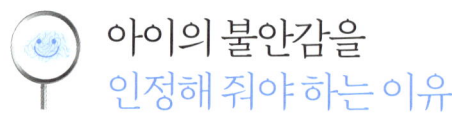
아이의 불안감을
인정해 줘야 하는 이유

 아이의 행동을 유심히 관찰하며 하은이를 도울 새로운 방법들을 하나둘 파악하기 시작했습니다. 그중 가장 먼저 알게 된 방법은 '낯선 장소에 가기 전 미리 아이와 연습해 본다'였습니다. 예를 들어 친척의 결혼식에 가는 날이면 예정보다 일찍 식장에 도착해 아이가 그 장소에 익숙해지도록 했습니다. 아이와 함께 행사장을 둘러보며 곧 만나게 될 친척 어른들에 대해서도 미리 이야기해 주었죠. "지난번에 봤던 이모할머니는 머리카락 색이 아주 예쁘셔. 흰 머리카락이 잘 어울리시는 분이야." "네가 처음 보는 고모부도 오실 텐데 고모부는 키가 아주 커. 하은이가 고개를 쭉 빼야 할 거야."
 그러고는 그분들이 어떤 질문을 던질지, 그럴 때 엄마가 어떻게 해줬으면 좋겠는지 등 다양한 상황을 상상하고 연습해 보았습니다. 역할 놀이처럼 자연스럽게 상황을 미리 경험하니 하은이도 엄마와 함께하는 시간과 공간에서는 점차 불안한 모습을 보이지 않게 되었죠.

문제는 엄마가 없는 시간과 공간에서의 아이였습니다. 아이는 성장할수록 부모와 떨어져 혼자 있는 순간을 자주 맞닥뜨리게 됩니다. 어린이집, 유치원, 학교, 학원 등에서는 아이 스스로 자신의 역할을 해내야 하고 갈등 상황도 혼자 해결해야 하죠. 이제는 아이가 엄마 없이도 낯선 환경을 받아들일 수 있도록 자신이 만난 세상에 적응하는 방법을 가르쳐야 했습니다.

선택적 함구증을 가진 하은이는 사람들 앞에서 말을 해야 하는 상황에 유독 불안해하고 당황했습니다. 그렇기에 저는 익숙하지 않은 상황이나 낯선 사람 앞에서도 편안히 입 밖으로 말을 꺼내는 것을 치료의 목표로 삼았습니다. 그리고 아이러니하지만 이 목표를 이루기 위해 아이에게 가장 먼저 인지시킨 것은 '꼭 말을 하지 않아도 괜찮다'라는 사실이었습니다.

"네가 말하기 싫다면 말하지 않아도 돼. 네 마음을 표현하기 어렵다면 글로 적거나 작게 귓속말해도 돼."

"말을 잘할 수 있을지 걱정하기보다 오늘은 또 얼마나 즐거운 일이 있을지 기대해 보자. 엄마는 네가 어떤 것을 느끼고 생각하는지, 무엇이 좋고 불편했는지 알아가는 것이 가장 중요해."

'말을 한다'라는 행동을 목표로 잡았다면 그 이면에는 '아이가 말을 하지 않아도 괜찮다'라는 전제가 있어야만 합니다. 아이가 말을 편안하게 내뱉기 위해서는 아이 스스로 말을 잘하지 못하는 자신을 먼저 받아들여야 하기 때문입니다. 말을 하기 위해 수십 번 연습하는 것보다, 끝내 말하지 못하더라도 실패가 아니라 연습의 과정이라는 것을 아는 게 중요합니다.

어린이집에서 말을 꺼내지 못하는 하은이에게 저는 언제든 도움을 청할 수 있는 선생님이 있다는 사실을 알려주었습니다. 친구들에게 말을 붙이는 방법보다는 말을 하지 않고도 장난감을 양보하며 무리에 어울릴 수 있는 방법을 알려주었죠. 불편함을 참으면서까지 누군가와 함께하지 않아도 된다고, 혼자만의 시간을 보내도 괜찮다고 응원해 주었습니다.

이런 과정을 거치며 하은이는 느리지만 더 단단하게 앞으로 만날 세상에 적응해 나갔습니다. 변화하는 상황을 불안해하기보다는 받아들이는 방법을, 그리고 그 과정에서 자신의 감정을 관찰하고 이해하는 능력을 쌓을 수 있었습니다.

● TIP ●

불안해해도 괜찮아!

"불안은 누구나 겪는 당연한 감정이고, 어른들도 겪는 일이니 괜찮아"라고 아이를 다독여 주세요. 그다음으로는 아이가 불안을 느낄 때 감정을 처리할 방법을 알려주어야 합니다.

아이가 불안한 감정을 처리하도록 도울 간단한 방법들

① 일단 기지개부터 켜기

② 가볍게 몸을 움직이며 생각을 바꿔보기

③ 부모님이나 선생님에게 불안감을 솔직히 말하고 도움 청하기

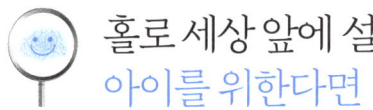
홀로 세상 앞에 설 아이를 위한다면

 모든 부모는 우리 아이가 신체적으로나 정신적으로나 건강하게 자라길 바랍니다. 우리 아이가 놀이터에서 신나게 뛰어놀고, 어떤 상황에서도 주눅 들거나 불안해하지 않으며, 학교에서도 적극적으로 친구들과 어울리고, 주변 사람들에게 당당히 자신의 마음을 표현할 수 있기를 바라죠. 하지만 이런 아이는 상상 속에만 존재하는 게 아닐까 싶습니다. 게다가 모든 육아의 목표가 꼭 이런 방향일 필요도 없고요. 내 아이가 가진 개성과 감정을 그대로 받아들이고, 천천히 사회와 세상에 적응해 나가는 그 자체로도 충분합니다.
 하지만 아이가 가진 개성과 감정을 그대로 받아들이는 일에도 생각의 전환이 필요합니다. 예를 들어 아이가 집중하기 어려워하고 충동을 조절하지 못할 때 부모는 아이가 해서는 안 되는 행동을 알려줍니다. 하지만 "안 돼!"라는 말로만 아이를 바꾸다 보면 사실상 아이가 자발적으로 하는 거의 모든 행동을 지적하게 됩니다. 안 된다는 말을 자주 반복할수록 아이의 자발성은 억제되고, 아이는 점차 자신이 하는 일은 모두 잘못이라는 생각에 빠지게 되죠. 이런 부정적인 감정이 쌓이면 아이는 스스로를 매번 실패하는 사람, 사람들이 싫어하는 존재, 잘못된 행동만 하는 문제아로 인식할 수밖에 없습니다. 부모조차 자신을 믿지 못한다는 불안까지 쌓이고요.

그러니 이런 경우에는 반복적인 지시보다는 집중하기 힘들어하는 아이에 대한 이해가 우선 필요합니다. 즉, 부모의 목표는 '집중력 높이기'가 아니라 '집중력을 가지는 경험을 쌓으며 아이 스스로 세상을 살아갈 방법을 터득하도록 돕는 것'이어야 합니다. 이를 위해 아이가 집중을 가장 잘할 수 있는 공간과 시간을 찾아 스스로를 통제하는 경험을 쌓아주는 등의 시도를 해볼 수 있겠죠.

그러나 아이가 맞닥뜨린 어려움 앞에서 침착할 수 있는 부모가 몇이나 될까요. 아이의 더딘 회복과 그에 비해 너무나 빠르게 변화하는 주변을 확인할 때마다 두려운 마음, 이 험한 세상에서 우리 아이가 잘 버티고 성장할 수 있을지 초조해지는 마음을 저 또한 잘 알고 있습니다.

아이에게 세상은 호기심 가득한 곳이기도 하지만 동시에 버거운 공간일 수밖에 없습니다. 사랑으로 감싸주던 가족의 품과는 다른 곳이니까요. 학교생활에 적응하지 못해 등교를 거부하는 아이들, 또래 친구를 사귀지 못해 고립을 택하는 아이들, 평가받는 것이 두려워 백지를 제출하는 아이들, 힘든 마음을 토로하지 못해 방문을 잠그고 온라인에 빠지는 아이들……. 하은이의 마음을 관찰하며 세상에 눈을 돌리니, 수많은 아이들이 부적응 문제로 힘들어하는 모습이 보였습니다.

그리고 그런 아이들 곁에서 함께 마음 아파하는 부모들을 발견했습니다. 아이를 돕고 싶지만 그 방법을 알지 못해 답답해하는 부모, 인터넷과 육아책을 뒤져서 찾은 방법을 시도해 보지만 또다시 실패를 반복하는 부모. 아이의 아픔에 함께 마음이 무너져 내리는, 저와 똑같은 모습의 부모님들이었습니다.

아이의 문제는 부모에게 공감을 넘어 고통이 되어 마음속에 박힙니다. 그렇기에 안 된다는 걸 알면서도 마음이 조급해져 실수를 저지르게 되죠. 아이가 흔들림 없이 자라기 위해서는 부모가 스스로를 먼저 살펴봐야 합니다. 아이가 자기 자신을 돌보며 강한 마음을 길러 나가듯 부모 또한 지금 자신이 어떤 사람인지, 어떤 관계와 환경 속에서 세상을 바라보는지를 돌아볼 줄 알아야 합니다. 이

때문에 적응지능은 아이의 성장 과정만이 아니라 부모의 삶에도 반드시 필요한 힘이 됩니다.

격동의 시기를 거치는 아이와 부모에게 가장 필요한 능력은 무엇일까, 우리가 다양한 변화 속에서 스스로를 믿게끔 만드는 힘은 어디서 오는 것일까, 그 질문의 해답을 찾고자 오랫동안 개념을 정립하고 쌓아왔습니다. 그 끝에 얻은 해답은 바로 어떤 상황에서도 두려움 없이 앞으로 나아갈 수 있는 역량, 불안함 없이 세상에 나아가기를 돕는 힘, '적응지능'입니다.

02

자신을 믿고
새로운
세상으로
나아가는 힘

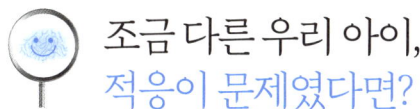
조금 다른 우리 아이, 적응이 문제였다면?

"밖에서는 얌전하던 아이가 집에만 오면 짜증을 내요."

윤하의 어머님은 도통 이해가 안 된다며 상담을 시작하셨습니다. 일곱 살 윤하는 가족들 앞에서만 유독 짜증의 화신으로 돌변했습니다. 유치원에서는 말이 거의 없어서인지 착하고 조용한 아이로만 알려져 있다는데, 집에 돌아오는 순간부터 화를 참지 못했죠. 엄마가 일하러 간 사이 할머니가 준비해 준 간식을 뱉고, 두 살 터울 남동생을 밀치고, 나무라는 할머니를 째려보는 등 심술을 부리는 탓에 가족들은 매일 조마조마했습니다.

"선행 학습을 다 마쳤으니 학교는 필요 없다는데, 이 고집을 어떻게 꺾어야 할까요?"

초등학교 5학년 세은이의 어머님은 매일 학교에 가기 싫다는 아이와 실랑이를 벌였습니다. 세은이는 학교에서 가르치는 것들은 이미 학원에서 배웠으니 안 가도 된다고 주장했고, 엄마는 그래도 학교에서 사회생활의 기본을 배워야 한다며 세은이를 설득했죠. 결국 용돈과 시간제한 등의 조건을 걸어 세은이를 겨우 학교에 보냈지만, 등굣길 삼삼오오 떠드는 아이들 사이에서 혼자 바닥만 내려다보고 걷는 세은이의 뒷모습을 보니 어머님은 마음이 무거워진다고 하셨습니다.

"아이가 갑자기 게임 중독이 되었어요. 슬슬 공부도 시작해야 하는데 어쩌면 좋을까요?"

준서는 중학생이 된 뒤부터 학교가 끝나면 방에 틀어박혀 게임만 했습니다. 아버님은 준서를 달래보기도 하고 혼도 내보았지만 준서는 온라인 게임의 세계에만 빠져 있었습니다. 대화를 나눠보려 해도 자신의 마음을 꺼내지 않고 성적은 뚝뚝 떨어지기만 했죠. 들춰 보지도 않은 채 쌓여가는 문제집을 볼 때마다 속이 탄다고, 아버님은 막막함을 토로하셨습니다.

실제 상담을 위해 저를 찾아왔던 세 아이의 사례는 의외로 주변에서 흔하게 볼 수 있는 모습입니다. 이 아이들에게는 과연 어떤 문제가 있는 걸까요? 윤하가 짜증을 내는 건 단지 감정 조절에 능숙하지 않은 아동기라서 그런 걸까요? 세은이가 등교를 거부하는 건 정말 선행 학습 탓일까요? 준서가 온라인 게임에 빠진 건 그저 사춘기를 겪고 있기 때문일까요?

부모는 겉으로 보이는 아이들의 말과 행동의 뒷면에 숨겨져 보이지 않는 진짜 이유를 찾아야 합니다. 한 명씩 살펴볼까요? 유치원에서는 조용하다가 집에서만 짜증을 내는 윤하는 타인을 심하게 의식하는 아이였습니다. 윤하의 내면에는 사람들의 시선에 대한 높은 불안이 자리 잡고 있었죠. 이런 성향의 아이들은 가족이 아닌 외부인에게 자신의 감정과 생각을 표출했을 때 틀렸다고 지적당하지는 않을지, 자신이 잘못하지는 않을지 걱정합니다. 그렇기에 집 밖에서는 조용히 지내다가도 익숙한 환경에 돌아오면 종일 억눌렀던 감정을 짜증과 분노로 표출했던 것입니다.

학교가 싫다던 세은이는 알고 보니 또래 친구와 관계를 맺는 것에 어려움을 겪고 있었습니다. 엄마에게는 선행 학습을 이유로 들었지만 사실 세은이는 수업 시간보다 아이들이 웃고 떠드는 쉬는 시간을 더 힘들어했습니다. '어떻게 해야 아이들과 친해질 수 있을지 모르겠어'라는 세은이의 속마음이 '수업이 지루해서 학교에 가고 싶지 않아'라며 떼를 쓰는 방식으로 표출된 것이죠.

준서는 공부해야 하는 이유를 찾지 못해 단순하고 자극적인 게

임의 세계에만 머무르고 있었습니다. 공부의 목적도 모른 채 중학교에 진학한 것도 혼란스러운데, 초등학교와는 다른 중학교 학습 과정에 무작정 부딪히려니 당연히 마음을 붙이지 못했던 것이죠. 어려워진 공부를 회피하고 싶은 준서의 마음을 단지 '게임에 빠져 있다'라고만 해석한다면 근본적인 문제를 해결하기 어려웠을 것입니다.

유치원이나 초등학교에 입학할 때 새로운 장소에 대한 적응 문제, 또래 친구 관계에서의 적응 문제, 어려워지는 학습 진도에 대한 적응 문제 등은 부모의 시선에서 판단하기에 다소 막막한 부분이 있습니다. 아이를 돕고 싶은 마음이야 굴뚝 같지만, 정작 내 아이가 어떤 문제를 숨기고 있는지는 알기 어렵기 때문이죠. 더군다나 지금 아이가 보이는 행동이 아동기나 사춘기에 누구나 한 번쯤 겪는 성장통인지 아니면 전문가의 도움이 필요한 문제인지조차 구분하기 어렵습니다.

그렇다면 우리 아이가 겪는 문제의 진짜 원인을 알아낼 방법이 있을까요? 아이의 마음속에 숨겨진 그 뒷면을 비춰주는 거울은 없을까요?

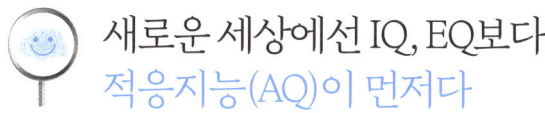

새로운 세상에선 IQ, EQ보다 적응지능(AQ)이 먼저다

'지능'이라는 단어를 들으면 무엇이 먼저 생각나나요? 보통은 IQ(Intelligence Quotient), 즉 지능지수를 먼저 떠올립니다. 그도 그럴 것이 누군가가 "그 사람은 지능이 높아"라고 하면, 그건 대체로 기억력과 이해력을 바탕으로 한 학습력이 높다는 뜻일 테니까요. 여기서 IQ라는 개념 속 지능은 '인지적 능력'을 기반으로 합니다.

1990년대에는 IQ가 아이들을 판단하는 기준이었습니다. 많은 학부모들이 IQ 높은 아이가 공부도 잘하고 좋은 대학에 가고 성공할 수 있다고 믿었죠. IQ 검사 점수를 높여준다는 학원이나 교육 마케팅도 흔한 시대였습니다. 하지만 IQ가 성공이나 행복의 지표가 되지 않는다는 걸, 이제는 모두가 직접적으로 또는 간접적으로 확인했습니다. IQ를 측정하는 웩슬러 지능검사, 코프먼 지능검사 등은 뛰어난 기억력과 이해력을 가진 아이의 영재성을 판별하거나 인지적 발달 지연 여부를 파악할 때 여전히 종종 쓰이지만, 그 수치가 아이의 전반적인 삶에 필수적인 역량을 설명하지는 않습니다.

그다음으로 EQ(Emotional intelligence Quotient)의 시대가 찾아왔습니다. 감성지수를 뜻하는 EQ는 자신의 감정을 인식하고 이해하는 자기인식 능력, 타인의 감정을 이해하는 공감력, 타인과의 관계를 원활하게 유지하고 협력하는 사회적 기술 등으로 구성되어 있습니다. 한마디로, 똑똑하고 머리가 좋은 것보다 사회적 관계 능력을 강조한 역량이죠.

EQ 또한 몇 해 전까지 학부모들 사이에서 새로운 열풍을 만들어냈습니다. 감성지수가 높아야만 학교에서 친구들과 좋은 관계를 형성할 수 있고 힘든 일이 있어도 그 감정을 잘 다스릴 것이라는 이야기가 부모들을 자극했고, EQ를 높이는 육아법과 학습법이 방송가와 서점가를 휩쓸었죠. 하지만 인터넷을 통한 광범위한 글로벌 소통이 일상이 된 현대사회에서는 EQ 또한 그 한계를 드러내고 있습니다. 감성지수가 높은 것만으로는 격변하는 사회를 버티기가 어려워진 것입니다.

이제 우리 아이들은 가족과 친구와 연결되는 오프라인 관계 안에서만 자라지 않습니다. 인터넷을 통해 전 세계 불특정 다수와의 관계를 경험하게 되죠. 오프라인에서만 관계가 이루어진다면 그 안에서 감정을 읽고 공감하고 적절히 대처하는 감정지수가 중요하겠지만, 온라인에서까지 다양한 관계를 만들어가야 하는 현대 사회에서는 복잡한 층위의 관계를 통제하고 관리할 유연성이 필요합니다.

IQ만으로도, EQ만으로도 살아가며 맞닥뜨릴 문제들을 풀어가기 어려운 지금, 우리 아이의 행복을 지키기 위해 가장 필요한 역량은 과연 무엇일까요? 외부의 변화에 휩쓸리지 않고 나 자신을 기준으로 세우는 힘, 그러면서도 주어진 환경에 조화롭게 어울릴 수 있는 힘, 어려운 관계 속에서도 나답게 나아갈 수 있는 힘, 내일을 예측하는 것이 아니라 적응하면서 살아갈 수 있는 힘이 필요합니다.

부모는 아이를 양육하고 교육하는 과정에서 무수히 많은 선택을 해야 합니다. 과거의 한국은 물자와 식량조차 부족했기에 선택의 폭이 좁았습니다. 선택의 기준은 무조건 먹고살기였죠. 하지만 우리는 몇십 년 만에 물자가 풍부하고 정보는 과도한 시대를 살게 되었습니다. 그렇기에 더욱 정확한 결정을 내리기가 어려워졌습니다. 부모들은 학원부터 교육 프로그램, 진로까지 다양한 갈림길 앞에서 어떤 방향이 내 아이에게 적합한지 쉼 없이 고민합니다.

변화하는 현대사회에서 유일하게 예측할 수 있는 건 예측 불가능성이라는 말이 있습니다. 해마다 바뀌는 육아 정책과 교육 제도, AI 기술의 발전에 따라 달라질 직업 환경까지, 예측과 통계가 불가능한 환경에서 부모가 아이의 미래를 대비하기 위해 준비해야 할 것은 결국 한 가지입니다. 환경에 효과적으로 대응하고 새로운 문제 상황에 유연하게 대처할 수 있는 능력, 적응지능(AQ, Adaptive intelligence Quotient)을 키우는 것이죠.

그럼 지금부터는 이 적응지능에 관해 더욱 자세히 알아볼까요?

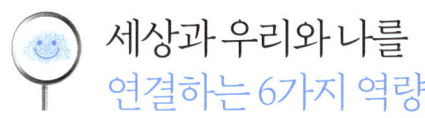

세상과 우리와 나를
연결하는 6가지 역량

 적응지능에는 '지능'이라는 표현이 사용되지만, 이것이 특정한 학습 능력이나 영리함의 척도를 나타내는 단어는 아닙니다. 적응지능은 단순한 지식의 양을 넘어 현실에서 직면하는 다양한 도전과 변화, 그리고 기회에도 반응할 수 있는 능력을 포괄한 개념입니다.

 '적응'이라는 단어는 사전에서 살펴보면 '일정한 조건이나 환경에 맞춰 응하거나 알맞게 됨' 혹은 '주위 환경과 생활이 조화를 이루는 상태'를 의미합니다. 이 뜻처럼 적응은 늘 '사람'과 '환경'에 맞닿아 있습니다. 아이가 초등학교에 입학할 때, 가족이 다른 지역으로 이사하게 되었을 때, 학년이 바뀌어 새로운 선생님과 친구를 만날 때, 심지어 새로운 과목을 공부할 때도 우리는 적응이 필요합니다.

적응지능은 빠르게 변화하는 환경에서 그 중요성이 더욱 강조되지만, 특히나 아동의 경우 일상생활에서도 필수적입니다. 오랫동안 한 회사에 출퇴근하는 등 매일 비슷한 일상을 보내는 성인들은 적응지능이 필요한 순간을 자주 경험하지는 않습니다. 하지만 우리 아이들은 매년, 매달, 아니 하루하루 새로운 도전과 마주합니다. 오늘 놀이터에서 만난 친구와 어떻게 관계를 맺을지, 어제와는 달라진 학습 진도를 어떻게 따라갈지, 내일 가게 될 현장학습에서는 어떻게 움직일지 등 아이들에게는 일상 속 작은 변화에 반응하는 능력이 필요하죠.

예를 들어볼까요? 한 학급에서 재활용품으로 발명품 만들기 대회가 열렸습니다. 아이들은 며칠 동안 함께 모여 아이스크림 막대와 우유 팩으로 다리를 만들고, 발표도 열심히 준비했죠. 하지만 대회 당일, 아이들은 긴장한 탓에 발표를 망쳤고 기대만큼 좋은 점수를 받지 못했습니다. 이때 같은 팀 안에서도 적응지능의 발달에 따라 아이들의 반응은 전혀 다르게 나타납니다.

"그래도 우리 잘했어! 1등은 못했어도 우리 작품도 멋졌잖아. 다음에는 떨지 않도록 더 열심히 준비하면 돼"라고 웃으며 아쉬운 점을 되짚는 아이가 있는가 하면, 어떤 아이는 "우리가 진짜 못한 팀이었나 봐……. 너무 창피해"라며 발표 이야기를 나누는 것조차 피하죠. 이처럼 같은 실패를 겪어도 누군가는 이를 성장의 기회로 삼고, 또 누군가는 좌절에 빠져 마냥 우울해하기만 합니다. 이것이 곧 적응지능의 차이라 볼 수 있습니다.

적응지능은 크게 '나', '우리', '세상'이라는 세 가지 영역에서 활용됩니다. 적응지능이 발달한 아이는 첫 번째로 급변하는 환경과 타인의 영향력 아래에서도 <u>나</u> 자신의 생각과 내면을 단단하게 지켜냅니다. 또한 부모와 가족 등 친밀한 사이부터 사회에서 마주치는 친구들, 온라인 세상에서 만나는 불특정 다수와의 소통까지 다층적인 관계 속에서 <u>우리</u>로서 살아가는 법을 알고 있어요. 마지막

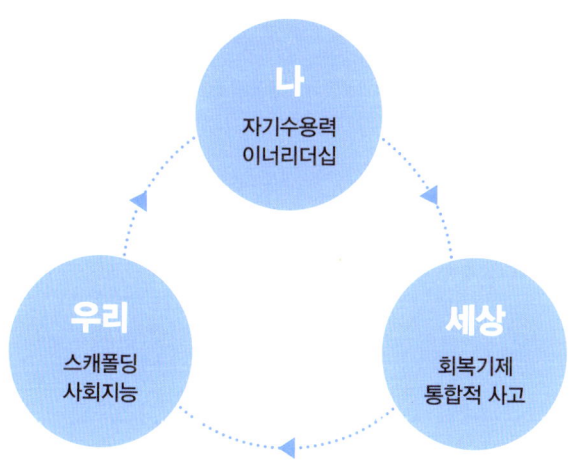

으로 적응지능 높은 아이는 주도적으로 방향성을 설정하고 자신만의 가치관으로 관점을 결정하기 때문에, 주어진 외부 환경 속에서도 자신만의 **세상**을 직접 만들어나가죠.

이렇게 세 영역으로 구성된 적응지능은 아래의 여섯 가지 역량을 통해 점차 발전합니다.

적응지능의 6가지 하위 역량

영역	역량	설명
나	자기수용력	있는 그대로의 자신을 받아들이며 그 안의 장점과 단점, 약점과 강점을 파악하는 능력
나	이너리더십	무언가를 지속적으로 하려는 동기와 의지로 스스로 리더가 되어 자신을 이끄는 힘
우리	스캐폴딩	부모와 자녀처럼 상호 신뢰와 지지 체계를 갖고 함께 영향을 미치며 성장하는 깊은 관계
우리	사회지능	관계의 대상과 깊이에 따라 각기 다른 소통 방식으로 타인과 교류하는 능력
세상	회복기제	외부 환경에서 겪은 스트레스와 트라우마를 회복하는 힘
세상	통합적 사고	세상을 편협하지 않게 바라보는 시선과 유연한 사고로 문제를 해결하는 능력

적응지능을 높여주는 여섯 가지 역량은 우리 아이가 현실에 얼마나 잘 적응하고 있는지 객관적으로 보여주는 거울의 역할을 하며 서로에게 영향을 미칩니다. '내'가 '우리'와 더불어 살고 있는 '세상'이 서로에게 영향을 미치듯 각 역량이 상호 유기적으로 연결되어 있죠.

예를 들어 환경 변화에 스트레스를 받아 '회복기제'를 발달시키지 못한 아이는 자신의 모습을 객관적으로 받아들이는 '자기수용력'도 떨어질 가능성이 높습니다. 자신감이 떨어져 사회적 관계가 어려워진 상태에서는 스스로를 이끌어갈 힘을 잃어버리기 쉬우니 '이너리더십'도 저하될 수밖에 없죠. 이런 상황이라면 다른 적응역량보다 회복기제의 향상을 우선시해야 합니다. 회복기제를 통해 아이의 감정을 평상시의 상태로 복구한다면 자연스럽게 내면을 받아들이고 이끄는 자기수용력과 이너리더십을 살필 수 있으니까요.

상호 유기적인 역량을 긴밀하게 연결시켜 적응지능을 발달시키기 위해서는 먼저 적응지능의 역량 중 우리 아이가 가장 취약한 영역은 무엇인지 살펴봐야 합니다. 각 개념을 이해한 뒤 현재 우리 아이가 겪는 어려움과 관련된 영역을 파악합니다. 여기서 중요한 것은 아이뿐만 아니라 부모도 함께 자신의 부족한 면이 무엇인지 찾아야 한다는 점입니다. 부모 또한 스스로 보충이 필요한 영역을 점검하는 것이죠.

그다음에는 아이의 약점에 상응하는 강점이 무엇인지 정리할 필요가 있습니다. 현재 아이가 중요한 목표를 달성하는 데 실패하고 좌절한 상황이라면 자기수용력과 이너리더십이 현저히 낮을 것입니다. 하지만 아이의 곁에 언제나 믿고 지원해 주는 부모님이나 선생님이 있다면 아이는 위기를 딛고 일어설 수 있습니다. 이 경우 아이는 적응지능의 역량 가운데 스캐폴딩을 강점으로 가진 것이죠.

마지막으로 취약한 역량을 발달시키기 위해 아이가 가장 균형 잡혀 있던 과거의 모습 혹은 되고자 하는 건강한 상태를 목표로 세웁니다. 단, 이때의 목표는 아이의 현재 상태에 대한 객관적인 이해를 바탕으로 정해야 합니다. 아이에 대한 이해가 결여된 채 막무가내로 높은 목표를 세운다면, 오히려 쉽게 포기해 버리거나 압박만 느낄 수 있습니다. 무리한 목표는 오히려 적응지능의 성장을 방해할 수도 있으니 반드시 아이의 현재 모습을 인정한 상태에서 건강하고 뚜렷한 목표를 세워야 합니다.

적응지능의 역량은 히은이에게도 변화를 가져다주었습니다. 초등학교에 입학하기 전 소아 불안과 선택적 함구증을 진단받았던 하은이는 어느새 초등학교 3학년이 되었습니다. 요즘 하은이는 학교에서 반 친구들과 대화도 수월히 나누고 수업 시간에 발표도 곧잘 해냅니다. 지금의 하은이를 본 사람들은 불과 3년 전에 이 아이가 집 밖에서는 입을 못 떼서 엄마 뒤에 숨던 아이였다는 걸 믿지 못할 정도죠. 하지만 하은이는 여전히 일주일에 몇 번씩 보는 친구의 엄마와도 시선을 잘 마주치지 못합니다. 갑작스러운 질문에는 아직 능숙하게 대답하지 못하고요. 낯선 장소에서 처음 만난 타인에게는 그 사람이 어른이든 아이든 말을 꺼내지 못합니다.

그럼에도 병원에서는 하은이에게 더 이상 치료가 필요하지 않다는 판단을 내렸습니다. 그 이유는 간단합니다. 하은이가 여전히 낯선 환경을 불편해하지만, 공포로 느껴지는 않기 때문이죠. 이전의 하은이는 놀이터에 모르는 아이가 오면 엄마 손을 끌고 집으로 가버렸습니다. 하지만 지금은 누군가 옆에 있어도 자신의 놀이를 이어갈 수 있죠. 누군가가 "너는 몇 살이니?"라고 가벼운 질문을 던지면 작은 목소리로 자신의 나이와 학년을 대답할 수 있게 되었습니다. 이제 하은이는 자신의 불안을 스스로 통제하며 일상생활을 지속해 나갈 수 있는, 그저 수줍은 성격의 열 살배기일 뿐입니다.

우리 아이의 기질과 한계를 명확하게 인지한다는 건 바로 이런 과정입니다. 아이가 지닌 기질적인 특성을 치료의 대상으로만 바라보지 않는 것, 아이가 타고난 성격과 그에 따른 한계 안에서 성장하고 있음을 인정하는 것이죠.

만약 제가 하은이의 완치 기준을 '처음 만나는 사람 앞에서도 또박또박 큰 소리로 자신을 소개하는 아이', '어디를 가든 누구를 만나든 거리낌 없이 이야기를 나누는 활발한 아이'로 정했다면 하은이는 여전히 치료가 필요한 대상으로 남았을 것입니다. 지금껏 아이가 나아지기 위해 애써온 시간 또한 노력이 부족하다고만 보겠죠. 하지만 하은이의 수줍음을 자연스러운 기질로 받아들였기에 지금은 아이도 저도 현재 상태만으로 충분히 만족할 수 있습니다.

이것이 적응지능의 장점입니다. 적응지능은 객관적인 평균 점수나 평가 기준이 없습니다. 적응지능의 각 역량을 평가하고 보충하는 기준은 오롯이 나 자신입니다. 타인이 얼마나 뛰어난 적응지능을 가졌는지, 사회가 평균적으로 요구하는 적응지능이 어느 정도인지는 우리 아이의 문제를 해결하는 데 아무런 도움이 되지 않습니다. 단지 대부분의 역량이 균형 잡힌 건강한 상태의 나는 어떤 사람인지, 반대로 일부 역량이 약해져 균형이 깨진 나는 어떤 모습인지만이 개인의 적응지능을 판단하고 평가할 유일한 비교군이죠.

즉, 적응지능을 높이는 일은 진정한 내 모습을 발견하고 스스로를 성장시키는 과정입니다. 작은 성공과 사소한 실패를 경험하며 적응지능의 역량을 키워나가는 과정을 통해 아이들은 스스로를 지켜내고 내일을 향해 나아가는 힘을 얻게 될 것입니다.

● TIP ●

적응지능이란?

변화가 잦은 환경 속에서도 자신의 방식대로 적응하며 스스로를 지키는 역량을 뜻합니다.

나에게 알맞은 적응 방식을 알고 실천하기 위해서는 적응지능의 하위 능력 중 **자기수용력**과 **이너리더십**이 필요하고, 낯선 환경 속에서도 원활하게 관계를 맺고 성장하기 위해서는 **스캐폴딩**과 **사회지능**이 필요하며, 변화에 쉽게 무너지지 않기 위해서는 **회복기제**와 **통합적 사고**가 필요합니다.

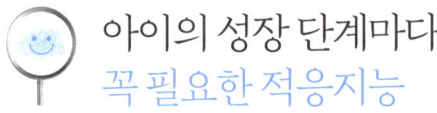
아이의 성장 단계마다
꼭 필요한 적응지능

　아이가 갓 태어났을 때 부모는 '아이의 생존과 안전을 지키는 일'에 먼저 적응해 나갑니다. 아이가 울음으로 신호를 보내면 그 의미를 해석해 밥을 주거나 토닥토닥 재워주며 아이가 필요로 하는 가장 기본적인 욕구를 충족시켜 줘야 하죠. 이 시기는 부모와 아이가 서로를 알아가며 관계를 시작하는 시기이기도 합니다.

　아이가 성장하면서 부모 또한 새로운 역할을 얻습니다. 걸음마를 떼고 말을 배우는 10개월에서 18개월 차에 아이는 세상을 탐구하려는 관심을 보입니다. 이때 부모는 아이가 주변을 안전하게 탐색하도록 돕고, 넘어져도 다시 일어설 수 있도록 안전한 환경을 만들어줘야 합니다. 만약 아이가 쌓고 있던 블록을 무너뜨리면 부모는 그 블록을 대신 쌓아주는 것이 아니라 아이가 다시 블록을 쌓을 수 있도록 격려해야 합니다. 이런 과정을 통해 아이는 실패를 받아들이고 도전의 가치를 배웁니다.

아이가 초등학교에 들어가면 부모와 아이는 한층 더 복잡한 환경에 적응해야 하는 과제를 받습니다. 이제 아이는 가정의 울타리를 넘어 교우 관계, 학교생활, 그리고 학습이라는 새로운 도전에 직면합니다. 이 시기 부모의 역할 또한 단순한 격려만이 아닙니다. 부모는 아이에게 사회적 기술을 가르치고 올바른 학습 태도를 알려줘야 합니다. 아이가 학교에서 친구와 싸운다면 부모는 아이의 감정에 공감해 주면서도 갈등 상황을 해결할 방법을 가르쳐줘야 하죠. 아이가 공부를 하다가 좌절감을 느끼면 부모는 이를 부정적인 경험으로만 보지 않고 새로운 시도로 받아들일 수 있도록 긍정적인 사고방식을 키워줘야 합니다.

이렇듯 부모의 역할은 아이의 성장에 따라 자연스럽게 변화합니다. 영유아기에는 부모가 아이에 관한 모든 것을 주도하고 아이를 보호해야 하지만, 일정 시기 이후로는 아이가 혼자 문제를 해결할 수 있도록 지켜보는 역할로 전환이 필요합니다. 하나부터 열까지 내 손으로 챙겨줘야 했던 아이와 어느 순간 적절한 거리를 유지해야 한다는 건 부모에게도 쉽지 않은 과제입니다.

이러한 변화 과정에서도 적응지능이 필요합니다. 각 시기에 쌓아둔 내면의 힘을 통해 아이는 자신만의 적응지능을 형성합니다. 그렇다면 아이의 성장 단계마다 발달되는 적응지능은 무엇일까요?

① **0~5세(영유아기):** 영유아기에는 정서적 안정과 신뢰 관계 형성이 필요합니다. 부모가 아이의 신호에 민감하게 반응하며 '나는 여기에서 안전하다'라는 느낌을 주는 것이 핵심입니다. 이 시기의 적응은 곧 아이가 세상을 탐구할 때 기반이 될 신뢰를 쌓는 과정입니다. 무조건적이고 따뜻한 상호작용을 통해 아이는 자신의 욕구가 충분히 충족된다는 안정감 속에서 세상에 대한 호기심을 키워갑니다.

② **6~9세(아동기 초반):** 취학 전부터 초등학교 저학년 때까지는 사회적 관계를 맺고 갈등을 해결하는 능력의 발달이 필요합니다. 부모는 교우 관계에서 발생하는 다양한 갈등 상황을 아이가 스스로 해결하도록 돕고, 아이는 규칙을 이해하고 따르는 법을 배웁니다. 이때 부모는 문제 해결 방식을 가르치며 아이의 감정에 공감해 주는 것 또한 놓치지 않아야 하죠. 이 과정을 통해 아이는 타인의 입장을 이해하고, 서로 협력하는 사회적 기술을 익히고, 더 넓은 관계로 나아갈 준비를 합니다.

❸ **11~13세(아동기 후반):** 초등학교 고학년 때는 독립성과 책임감 형성이 필요합니다. 이 시기에는 아이가 스스로 선택한 결과에 책임지는 법을 배우는 데 중점을 둬야 합니다. 아이가 자신이 결정한 선택에 따라 성공과 실패를 경험하는 것이 중요합니다. 이 시기 부모는 과도한 간섭을 피하고 아이 스스로 문제의 해결책을 찾도록 격려하는 역할을 맡습니다. 이를 통해 아이는 점차 청소년기로 나아갈 준비를 하죠.

❹ **14~18세(청소년기):** 청소년기에는 자기주도성과 목표 설정이 필요합니다. 이때부터는 이전에 익힌 독립성과 책임감을 바탕으로 아이가 스스로 학업과 진로를 계획합니다. 자신이 직접 목표를 정하고 계획하고 실행하는 것이 청소년기 적응 역량의 핵심이죠. 부모는 조언자로서의 역할을 수행하며, 아이가 실패를 경험하더라도 그 안에서 배움을 찾을 수 있도록 지지해야 합니다. 이 과정에서 아이는 자신만의 방향성을 찾고 주체적으로 삶을 이끌어갈 자신감을 쌓습니다.

한 아이가 성인이 될 때까지 부모에게 주어진 가장 큰 과제는 아이의 성장 단계마다 변화하는 적응지능을 이해하고, 아이가 무사히 적응을 마칠 수 있도록 적절한 환경과 기회를 제공하는 것입니다. 이 과정에서 부모와 아이는 각자의 역할에 적응하며 서로에게 필요한 역량을 키워가죠. 이렇게 얻은 적응지능은 부모와 아이가 함께 성장하며 만들어가는 가장 큰 선물이 될 것입니다.

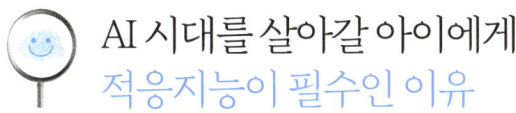
AI 시대를 살아갈 아이에게
적응지능이 필수인 이유

우리 사회는 너무나 빠르게 변화하고 있습니다. 집 안의 모든 기기를 목소리 하나로 제어하는 AI 비서 서비스, 이제는 검색창처럼 쓰이는 챗GPT, 자율 주행 자동차, 점차 인간의 역할을 대신하는 로봇까지……. 우리 아이가 성장했을 때는 어떤 사회가 펼쳐져 있을지 누구도 예측하기 어렵죠. 그러나 이보다 더 답답한 것은 막연한 미래를 아이와 함께 상의하려 해도 소통의 길마저 갈수록 줄어든다는 사실입니다.

선생님을 좋아하면 그 과목의 성적이 오른다는 말이 있습니다. 과거의 교육은 대부분 담당 선생님과 가까이서 소통하며 이루어져 가르치는 사람과의 관계가 매우 중요했습니다. 하지만 정규 교육마저 디지털화된 요즘, 아이들은 학습 과정에서 전처럼 긴밀한 관계를 경험하지 못합니다. 패드 하나로 학습하는 디지털 교과서와 화상 수업 등 디지털 매체를 통한 교수 관계가 일반화되면서 아이들은 모르는 문제가 있어도 선생님이나 부모님을 찾지 않게 되었습니다. AI에게 질문 몇 개만 던지면 손쉽게 문제의 답을 얻을 수 있는 환경에서 사제 관계의 의미는 어느새 무색해지고 말았습니다.

아이에게 학습이란 단순히 지식을 받아들이는 것 이상의 의미를 지닙니다. 아이는 학습을 통해 지식과 함께 그 지식이 지닌 가치까지 습득하기 때문이죠. 예를 들어 부모는 아이에게 책을 읽어주며 단지 독서 습관 기르기와 지식 전달만을 목표로 하지 않습니다. 함께 독서하는 시간을 통해 아이는 편안하게 감정을 교류하며 공감하는 법을 배우고, 책의 주제에 관해 이야기하면서는 문화와 역사를 이해하는 법과 다양한 삶의 방식을 자연스럽게 익히죠.

분명 소통을 통해서만 얻을 수 있는 지혜와 가르침이 있습니다. 하지만 요즘은 가족이 다 같이 외식을 가도 각자 핸드폰만 보는 모습을 쉽게 마주치곤 합니다. 이처럼 소통이 부재한 자리에 변화한 기술만이 가득 찬다면 아이들은 어떻게 성장하게 될까요?

아이들 앞에는 '꿈 없는 미래'가 기다리고 있습니다. 2024년 교육부와 한국직업능력연구원에서 설문 조사를 진행한 결과, 초등학생의 20.4퍼센트, 중학생의 40퍼센트, 고등학생의 29퍼센트가 희망 직업이 없다고 대답했습니다.

안타까운 결과입니다. 최근 주위를 둘러봐도 자신만의 뚜렷한 꿈을 찾은 아이, 미래에 대한 비전을 가진 아이가 잘 없습니다. 성적이 좋은 아이들조차 자신이 진정 원하는 것을 찾기보다는 명문 대학과 높은 연봉을 당연한 목표로 여깁니다. 눈에 가장 많이 띄는 연예인이나 유튜버가 되고 싶다는 막연한 꿈을 꾸는 아이들도 많습니다. 모든 정보를 쉽게 검색해서 취할 수 있는 사회, 주변 환경이 하루아침에 변화하는 사회에서 아이들은 성취의 원동력을 찾지 못하고 있습니다.

이런 시대에 우리가 아이를 위해 제공할 수 있는 것은 어쩌면 단 한 가지, 빠르게 변화하는 외부 환경에 휩쓸리지 않고 자기만의 방향성을 찾아갈 나침반뿐입니다. 세계적인 작가이자 컨설턴트인 스티브 도나휴Steve Donahue는 자신의 에세이 『사막을 건너는 여섯 가지 방법』(2011, 김영사)에서 "지도를 따라가지 말고 나침반을 따라가라"라고 말했습니다. 사막과 같이 변덕스러운 환경에서는 정확한 지도라는 게 존재하지 않으니 정해진 길이 아닌 방향을 알려주는 나침반을 따라가라는 것이죠. 나침반을 통해 여행자는 이미 정해진 목적지를 몰라도 당장 맞닥뜨린 갈림길에서 옳은 방향을 선택할 수 있고요.

적응지능은 우리 아이들에게 바로 그 나침반이 되어줄 수 있습니다. 가변적인 미래 앞에서 적응지능은 아이들이 자신만의 길을 두려움 없이 나아가게 하는 내면의 힘으로 작용합니다. 그 적응지능의 힘을 길러준 것은 어려울 것도 없이 부모가 어릴 적 건넨 따뜻한 말 한마디죠.

도전했던 일에 실패하고 도무지 다시 일어날 방법이 보이지 않을 때, 우리는 "어떻게든 되니까 너무 걱정하지 마"라던 아빠의 말에 기운을 냅니다. 자꾸만 실수를 반복하는 스스로를 받아들이기가 어려울 때, "틀리는 너도 너 자신이야. 그래도 엄마는 그런 너를 전과 똑같이 사랑해"라는 말이 유일한 지지대가 됩니다. 격변하는 세상으로 나아가기 전 부모가 아이에게 쥐여줘야 할 나침반은 바로 이런 힘입니다. 개인의 노력으로는 어찌할 수 없는 외부 환경의 변화를 맞닥뜨릴 때, 아이는 이 다정한 마음의 힘에 기대어 자신만의 길을 찾아갑니다.

그렇다면 자라나는 아이의 마음에 이러한 힘을 심어줄, 현실적인 방법에는 어떤 것이 있을까요? 그 이야기를 앞으로 뇌과학적 이론과 사례들을 근거로 하나하나 풀어보려 합니다.

PART 2

나
단단한 내면으로
나답게
살아가는 아이

거친 외부의 변화에 맞서기 위해서는 무엇보다 먼저 '나 자신'을 단단하게 다져야 합니다. 변화하는 환경 속에서 자기 자신을 잃고 흔들릴 때, 아이들은 부모가 심어준 두 가지 마음의 힘에 의지합니다.

"엄마는 네가 어떤 모습이든지 존중하고 사랑해."
"너에게는 너의 매일매일을 멋지게 이끌 수 있는 힘이 있어."

자신의 잘난 모습과 못난 모습을 모두 받아들여 성장하는 '자기수용력'과 스스로를 꾸준하고 성실하게 이끄는 힘인 '이너리더십'. 이 두 가지 역량을 지닌 아이는 어떤 풍파를 만나도 단단하게 자신을 지킬 수 있습니다. 아이의 내면을 지켜줄 이러한 힘을 어떻게 키워야 하는지 PART 2에서 살펴봅시다.

03

[자기수용력]

있는 그대로의 자신을
건강하게 인정하는 능력

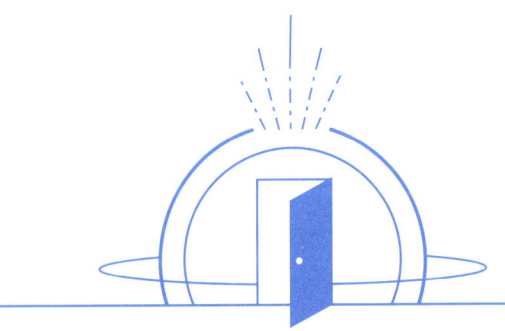

미운 네 살과 더 미운 일곱 살, <u>스스로</u> 바로 서는 나이

"저희 아이가 발표 시간마다 도망을 가요."

초등학교 4학년 지민이의 어머니가 한숨을 푹 쉬며 걱정을 털어놓으셨습니다. 지민이는 친구들의 시선에 과할 정도로 휘둘리는 아이였습니다. 지난 발표 도중 친구들이 웃는 모습을 보고 울음을 터트린 이후, 발표 시간마다 배가 아프다고 자리를 피하거나 "난 못해!"라며 포기해 버렸습니다. 발표 시간이 아니더라도 지민이는 매번 주변 눈치를 보느라 바빴습니다. 그림을 그리다가도 누군가 지나가며 한마디하면 '내가 잘못 그린 것 같아'라며 그만두었고, 친구의 사소한 농담에도 깊게 상처받았죠. 어머님이 매번 "괜찮아, 틀려도 돼"라고 말해줘도 지민이의 불안은 좀처럼 사라지지 않았습니다.

"아이의 완벽주의 성향이 너무 심해요. 뭘 해도 '이미 다 망했어!'라며 그만두는데, 어쩌죠?"

오늘도 블록을 끝까지 쌓지 못한 윤수 때문에 어머니는 걱정이 이만저만이 아니셨습니다. 윤수는 매번 블록 놀이를 할 때마다 작은 부분이 마음에 들지 않으면 화를 내며 쌓은 블록을 전부 무너뜨렸습니다. 최선을 다하려고 노력은 하지만 윤수 스스로 정한 기준이 높아 사소한 실수도 받아들이질 못했죠. 어머니가 옆에서 "그 정도면 충분히 잘했어", "다시 만들면 더 잘할 수 있을 거야"라고 몇 번이나 다독여 주어도 윤수는 "나는 이 정도밖에 못해"라며 자책합니다.

위 사례의 두 아이는 자신을 어떻게 바라보고 있는 걸까요? '미운 네 살', '더 미운 일곱 살', '야속한 열두 살'이라는 말은 무척 흔하고 익숙한 표현입니다. 아이가 네 살이 되면 슬슬 떼를 쓰기 시작하고 "싫어! 아니야!"라는 말을 시작하니까요. 이제 대화가 좀 되는 것 같은 일곱 살에는 반항을 하고 말대꾸를 하다가 열두 살이 되면 어느새 야속한 사춘기가 시작되어 문을 닫고 방 안에만 틀어박히거나 부모님의 말을 듣지 않습니다.

모든 나이가 쉽지 않다지만 유난히 네 살, 일곱 살, 열두 살이 힘든 이유는 무엇일까요? 바로 이 시기에 '나'라는 자아가 급격히 성장하면서 자기 주관이 강해지기 때문입니다. 네 살의 떼쓰기, 일곱 살의 반항, 열두 살의 독립적인 행동은 모두 아이가 자신의 의지를 찾고 주관을 형성하는 과정에서 나타나는 자연스러운 발달의 단면입니다.

네 살이 미운 이유

사회심리학자 찰스 쿨리Charles Cooley는 만 3세 이하 영아기를 '거울자아(looking-glass self) 시기'라고 표현했습니다. 이 시기 아이는 마치 거울을 들여다보듯 부모나 양육자의 모습, 말투, 습관 등을 따라 하며 자신을 이해하고 자아를 형성합니다. 거울자아 시기의 아이는 부모의 모습과 자신을 '동일시'하며 '나'의 모습을 이해합니다.

그랬던 아이가 갑자기 "싫어! 내가 할 거야!"를 입에 달고, 수시로 바닥에 누워 떼를 쓰는 시기가 바로 네 살입니다. 지금까지는 양육자가 곧 자기 자신이었지만, 거울자아 시기가 지난 네 살부터는 양육자와 자신이 다른 사람이고 내 주장이 있다는 것을 깨닫습니다. 이 시기부터 아이는 나와 다른 사람 혹은 나와 세상을 구분하며 자기를 인식하기 시작하죠. 우리의 뇌에서는 4세부터 언어 이해와 감정 표현을 담당하는 측두엽, 그리고 사회 및 환경에 대해 인지하는 전두엽의 발달이 본격적으로 시작됩니다. 아이는 환경을 관찰하며 자신이 해도 되는 것과 안 되는 것을 배우고, 자신의 욕구와 감정을 명확하게 알아가죠.

하지만 아직은 옳고 그른 것에 대한 인지적 사고능력과 고차적인 의사결정기능이 발달하진 않았기에 자기주장과 고집만 강하고 타협이 잘 이루어지지 않습니다. 게다가 청각, 시각, 감각을 담당하는 측두엽이 전두엽보다 더 먼저 발달하는 시기라 모든 욕구를 전부 몸으로 표현합니다. 발버둥을 치고, 소리를 지르고, 감정이 격해져서 바닥에 드러누워 떼를 쓰는 것도 다 이 때문이죠.

일곱 살이 더 미운 이유

더 미운 일곱 살에는 아이가 세운 규칙의 기준에 또래들의 영향이 점차 커집니다. 부모와 대화할 때 스스로 한 생각뿐만 아니라 친구들에게 들은 이야기를 기준으로 답하는 탓에 슬슬 말싸움이 시작되기도 하죠. 이때 아이의 생각, 이해, 판단을 담당하는 전두엽이 급격히 발달합니다. 경험을 통한 사고와 이해를 시작하는 시기인지라 하나도 허투루 지나가는 법이 없습니다. 왜 그런지 아닌지 명확하게 따지고 싶어 하는 것입니다.

또한 이 시기에는 공포, 분노, 즐거움, 슬픔 등 단순하게만 느꼈던 감정들이 부끄러움, 질투, 자부심, 수치심처럼 복잡하고 미묘한 감정들로 세분화되어 발달합니다. 감정을 다루는 편도체가 그동안 경험해 온 여러 기억과 결합해 상황에 대한 판단과 인식을 강화시킵니다. 그래서 이 시기에는 미숙한 자신의 논리력과 이해력을 인정하지 않고, 지금까지의 경험만을 토대로 '난 다 알고 있어'라고 우기고는 합니다.

열두 살이 야속한 이유

아이가 학교에 들어간 이후부터는 자신의 경험과 주변 친구들의 이야기가 가치 기준이 되는 '또래 동조'가 무척 강해집니다. "쟤도 하는데 나는 왜 안 돼?", "친구가 했으니 나도 할 거야"라는 말을 특히 많이 하죠. 유행에 민감하고 친구들이 한다는 것은 다 해봐야 직성이 풀리는 듯 행동합니다. 친구가 다니는 학원을 따라서 다니겠다고 고집을 피우고, 주변에서 사는 물건을 나도 가지고 있어야 한다고 믿는 시기입니다.

이 시기는 꽤 오래 지속됩니다. 어렸을 때 했던 대로 훈육하면 더 이상 받아들이지 않기도 하죠. 그렇지만 독립성을 인정해 주기에는 아직 가르쳐야 할 것들이 많아 문제가 됩니다. 아이 입장에서도 부모에 대한 의존도는 여전히 높지만 부분적인 독립성만 치솟기에 감정적으로도 정신적으로도 혼란스럽죠. 이전까지는 떼를 쓰고 부딪쳤다면 열두 살부터는 마치 부모가 필요 없다는 듯 대화 자체를 단절하기도 합니다.

청소년기에는 도파민, 세로토닌과 같이 보상, 기분, 감정 체계에 영향을 미치는 신경전달물질의 급격한 변화들로 인해 뇌 전체 네트워크의 새로운 재구조화가 이루어집니다. 그렇기에 충동성, 감정 변화, 반항과 같은 행동 변화로 아이 자신도 부모도 당황할 수밖에 없습니다.

우리가 힘겹다고 말하는 바로 이 시기들은 사실 아이의 자아가 더 강하게 만들어지는 과정이며, 아이가 건강히 자라고 있다는 증거였던 셈입니다. 그러니 더없이 미운 시기가 아니라 '네가 너로서 더 명확해지고 있구나'라고 생각하며 받아들이기 위해 노력해야 하는 시기죠.

이러한 변화의 시기에 아이가 부모의 말에 반응하지 않거나 대든다고 해도 자아를 찾는 과정이라 여기고 지원하는 일은 매우 중요합니다. 이 과정에서 자아를 찾지 못한 채 부모가 이끄는 대로, 친구들이 가는 대로만 따라가다 보면 아이는 진정 자기 자신다운 모습을 발견할 수 없기 때문입니다. 나답게 살아가는 것의 중요성을 모르는 사람은 없을 것입니다. 더불어 아이가 스스로 길을 찾아 자신다운 삶을 잘 살아가기를 바라지 않는 부모도 없을 테죠.

그러나 그 중요성을 알아도 막상 가르치기 어려운 것이 '나답게 사는 법'입니다. "네가 원하는 대로, 네가 좋아하는 것을 하면서 살아"라고 하면 제멋대로인 사람이 되어 사회 규범을 어기거나 사회

부적응자가 될까 봐 걱정됩니다. "다른 사람들처럼 평범하게 살아"라고 하기에는 자기 행복을 찾지 못하고 남을 따라가는 수동적인 삶을 살게 될까 봐 걱정이고요. 이런 막막함 탓에 대부분의 부모가 그저 공부 잘하고 안정적인 직장을 갖는 게 가장 중요하다고 말합니다. 그럼 어떻게 해야 아이가 나다운 삶을 찾되 건강하고 행복하게 성장할 수 있을까요?

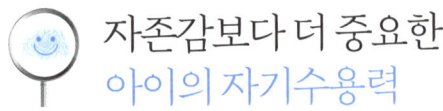
자존감보다 더 중요한
아이의 자기수용력

 앞의 사례에서 지민이는 다른 사람의 시선에 쉽게 위축되었고, 윤수에게는 완벽하게 잘해야 한다는 집착이 있었습니다. 이런 모습을 우리는 흔히 "지민이는 자존감이 낮아서 그래." 혹은 "윤수는 자존심이 너무 세서 그래."라며 자존감이나 자존심의 문제로 해석하곤 합니다. 특히나 요즘은 많은 육아서에서 자존감, 자존심, 자기효능감, 자신감과 같은 단어들을 강조하지요. 이 단어들은 정확하게 무엇을 뜻하며, 우리 아이에게 어떻게 적용해야 할까요?

 우선 **자존감**은 '나 스스로를 평가하는 마음'입니다. '나는 괜찮은 사람이야'라고 생각할 수 있는 힘이죠. 자존감은 어린 시절부터 형성되며 주변 사람들의 반응과 경험을 통해 강화됩니다. 자존감이 높은 사람은 자기 자신의 가치, 능력을 평가하는 주변의 말에 긍정적으로 반응합니다. 주어진 과제를 수행할 때도 당연히 해낼 수 있다고 여기고, 주위 사람들도 자신을 좋아할 것이라 믿습니다. 그렇기에 높은 자존감을 가진 사람은 대체로 긍정적인 정체성을 가지고 있습니다. 반면에 자존감이 낮은 사람은 스스로를 가치 없거나 부족하다고 평가하죠. 자신의 능력이 보잘것없다고 생각하며, 사람들에게 인정받기가 힘들 것이라고 걱정합니다. 그로 인해 부정적인 정체성이 강합니다.

그렇기에 많은 부모가 아이의 자존감을 높이기 위해 무조건적인 칭찬과 긍정으로 반응하고는 합니다. 하지만 무조건적 칭찬과 긍정만을 받으면서 정체성을 형성한 아이들의 경우, 내가 세상에서 가장 잘났고 월등하다는 '자기우월적 사고'와 '자기중심적 사고'가 나타난다는 단점이 생깁니다. 또한 다른 사람들의 평가와 시선을 과도하게 신경 쓰며 자신의 생각이나 행동을 지나치게 의식하는 '자의식 과잉' 상태가 될 수도 있습니다.

바로 지민이의 경우입니다. 어린 시절부터 누군가의 칭찬과 반응에 의존한 자존감으로 정체성이 형성된 경우, 다른 사람들이 자신을 어떻게 생각하는지, 자신이 잘못 보이거나 실수하지는 않을지 지나치게 걱정하며 주변의 눈치를 보게 됩니다.

다음으로 **자기효능감**은 특정 상황에서 '자신이 무언가를 해낼 수 있다고 여기는 스스로에 대한 믿음'입니다. 쉽게 말해 '나는 할 수 있어!'라고 믿는 힘으로, 어떤 과제의 수행이나 성과와 관련된 맥락에서 형성되는 정체성입니다. 처음 해보거나 어려운 일에 도전할 때 '나는 할 수 있을 거야'라고 느끼는 자신감과 관련이 높습니다. 그렇기에 자기효능감은 학습에서 성공을 예측하는 변수로 주로 사용됩니다. 예를 들어 수학에 높은 자기효능감을 가진 학생은 어려운 문제를 포기하지 않고 끝까지 도전할 가능성이 크기에 결과적으로 높은 점수를 얻을 거라 예측할 수 있습니다. 심리학자 앨버트 밴듀라 Albert Bandura 또한 자기효능감이 지속적인 과제 도전과 관련이 높다고 말했습니다. 즉, 높은 자기효능감을 가진 아이는 실수를 하더라도 계속 시도를 거듭해 결국 성공을 거둔다는 것입니다.

그러나 높은 자기효능감이 항상 긍정적인 결과만을 가져오는 것은 아닙니다. 정체성이 형성되는 아이들에게 성과 중심, 결과 중심적 사고는 부정적인 영향을 미칠 수 있으니까요. 성공을 위해 자기효능감을 높여줘야 한다는 접근은 '공부를 못하면 쓸모없는 인간이 되는 거야'라는 식의 극단적인 생각을 불러일으켜 아이들에게 심리적 부담을 안겨주며, 성과를 내지 못했을 때 극심한 스트레스와 불안을 유발할 수 있습니다. 또한 성공하지 못하거나 완벽하지 않을 것 같을 때 새로운 도전을 회피하게 될 수 있습니다.

　윤수가 이 같은 경우죠. 윤수는 자기효능감이 높은 만큼 과제를 완벽하게 해낼 수 있다는 기대가 조금이라도 무너진 순간을 견디기 어려워하는 것입니다.

　그렇다면 지민이처럼 잘못된 자존감으로 자의식 과잉 상태가 되거나, 윤수처럼 완벽한 결과만을 지향하는 자기효능감 때문에 도전을 회피하는 것이 아닌, 건강한 정체성을 만들어주는 힘은 무엇일까요? 바로 적응지능의 첫 번째 역량인 **자기수용력**입니다. 자기수용력은 '있는 그대로의 내 모습을 인정하는 마음'입니다. 자신의 장점과 단점을 함께 인식하고 두 측면을 가진 나를 받아들이는 것이죠. 자기수용력을 가진 아이는 자신에 대한 긍정적인 면도 부정적인 면도 있는 그대로 받아들입니다. 말하자면 '나는 그림을 잘 못 그리지만 그래도 그림 그리는 걸 정말 좋아해'라고 생각하는 태도죠.

　자신의 단점을 인정한다는 건 독단적인 합리화나 비논리적인 자기애와는 다릅니다. 그보다는 스스로에 대한 객관적인 시선을 뜻합니다. 이는 자존감, 자기효능감과 달리 누군가의 칭찬과 평가가 없어도, 꼭 좋은 결과를 내거나 성공하시 않아도, 스스로를 존중하고 사랑하는 마음을 가질 수 있음을 의미합니다. 그렇기에 자기수용력이 높은 사람은 실패했을 때 자책하기보다 그 경험을 통해 배울 점을 찾으려 합니다. 자기수용력이 높은 아이는 실패하거나 결과가 좋지 않아도 자신의 고유한 가치는 변하지 않을 것임을 인지합니다. 그 태도가 스스로를 사랑하는 마음을 기르는 데 도움을 줍니다.

이러한 마음은 자신만이 아니라 타인에게도 적용됩니다. 성공적인 결과만을 중요시하는 아이는 성공하지 못하는 다른 사람도 무시하는 사람으로 자랍니다. 다른 사람의 평가와 시선을 과하게 신경 쓰는 아이는 타인 또한 함부로 평가하게 되죠. 하지만 있는 그대로의 자신을 인정하는 아이는 타인을 대할 때도 존중과 사랑의 마음을 가질 수 있습니다.

결국 자기수용력은 자신의 가치를 유지하면서도 외부 환경에 유연하고 효과적으로 적응하는 능력의 기초가 됩니다. 이를 바탕으로 아이들은 타인의 시선이나 승패와 같은 외부 요인에 휘둘리지 않고 자신을 믿으며 도전을 지속하는 것이죠.

● TIP ●

자기수용력의 힘

주변의 평가에 영향을 받는 자존감이나 성공적인 결과를 냈을 때만 얻어지는 자기효능감과 달리 자기수용력은 있는 그대로의 나를 받아들이는 마음입니다. 자기수용력이 강한 아이는 자신의 장점뿐만 아니라 단점까지 객관적으로 인지하면서, 동시에 '나는 여전히 소중한 사람'이라는 사실을 잊지 않습니다. 아이가 외부의 기준과 타인의 시선에 흔들리지 않고 스스로를 바라볼 수 있도록 자기수용력을 길러주세요.

부모의 기대와 격려 속에서
자기수용력이 자라난다

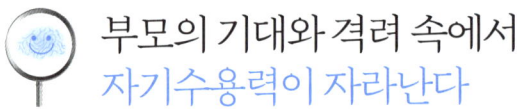

"**학원을 그렇게 많이 다니는데 왜 성적이 나오지 않을까요?**"

은우와 은하의 어머님이 속상하다는 듯 털어놓으셨습니다. 속상할 만도 하셨죠. 어머님은 생활비 대부분을 학원비로 지출할 만큼 아이들의 교육에 최선을 다하고 계셨으니까요. 그렇게 학습 부진 문제로 시작한 상담이었지만, 이를 통해 발견한 두 아이의 상태는 이러했습니다. '높은 스트레스 수치, 학업에 대한 높은 압박감, 자기 자신에 대한 낮은 자존감.' 게다가 은우는 과도한 스트레스로 인한 수면장애, 은하는 시험에 대한 불안으로 식도염까지 앓고 있었죠.

알고 보니 다섯 남매 중 한 명이었던 어머님은 어린 시절 경제적인 이유로 부모의 지원을 받지 못했던 상처를 품고 있었습니다. 거기에 성인이 된 후 사회적으로 무시당했던 경험들까지 더해져 내 아이들에게는 절대 그런 아픔을 물려주지 않겠다는 생각으로 학업과 성적에 지나치게 치중하고 계셨습니다.

너무 극단적인 사례로 보이나요? 하지만 부모가 자라면서 경험한 문제를 아이들에게 왜곡되게 반영하고 투사하는 일은 무척 흔합니다. '내가 공부를 더 잘했더라면 이렇게 무시당하고 살진 않았을 거야. 공부를 잘해야 성공한 인생을 살 수 있어', '돈이 없으면 얼마나 힘든 줄 알아? 돈 잘 버는 직업이 무조건 최고야', '아빠는 축구 선수가 되고 싶었는데 부상으로 그만뒀으니까 네가 내 꿈을 대신해서 이뤄야 해' 등 자신의 모습을 수용하지 못한 부모는 종종 그 상처를 기준으로 아이의 미래를 결정하곤 합니다.

그렇기에 아이의 자기수용력을 높이기 위해 첫 번째로 필요한 것은 '부모의 자기수용력'입니다. 아이에게 부모는 처음 만나는 세상입니다. 그 세상이 한쪽으로 치우쳐 있으면 안 되겠지요. 우선 부모는 자기 자신을 왜곡되지 않게 바라보는 시선을 가져야 합니다. 부모 또한 자라면서 얻은 상처와 힘겨움이 있겠지만, 그럼에도 지금 좋은 부모가 되기 위해 노력하고 있는 나 자신을 긍정적으로 수용할 수 있어야 합니다.

우리 아이의 자기수용력을 높이기 위한 두 번째 방법은 '아이를 무조건 믿어주는 마음'입니다. 아이를 믿어주는 과정에서 가장 힘든 순간은 기대보다 아이의 변화가 느리고 더디게 느껴질 때입니다. 아이에게 명확하게 지시했고 아이도 그를 충분히 이해하고 받아들였다고 여겨지면, 부모는 당연히 곧장 변화가 생길 것이라 기대하기 마련입니다. 하지만 부모도 사람인지라 변화가 눈에 보이지 않으면 "나도 한다고, 하고 있다고!"라는 아이의 말에 의심이 가기 마련이죠. "조금만 더 노력하면 잘할 것 같은데, 그 조금을 안 하는 것 같아요." "단점 몇 개만 빨리 고쳐주면 더 좋은 거 아니에요?" 누구보다 아이를 사랑하고 아낌없는 지원을 해왔기에 부모로서 이런 마음이 드는 것도 당연합니다.

하지만 믿음이라는 건 보이지 않는 대상에 대한 신념이자 확신입니다. 게다가 지금 부모가 아이에게 지원을 해주고 있다고 해서, 아이가 꽤 공부를 잘하고 있다고 해서 그것이 반드시 아이의 성공한 삶, 미래의 행복을 보장하지는 않습니다.

최근 들어 영어 유치원의 인기와 치솟는 사교육비를 보면 그 길만이 우리 아이의 성공적인 미래를 보장하는 것처럼 느껴집니다. 그 길을 가지 않으면, 우리 아이는 아직 세상 속으로 나가지도 않았는데 이미 뒤처진 것처럼 느껴질 때도 있죠. 속상하고 안타까운 마음에 "조금만 더 하면 되는데 왜 그것밖에 못 했니?", "더 열심히 했으면 좋은 결과가 있었을 텐데"라고 말해놓고 남몰래 후회하기도 합니다. 사실 부모가 굳이 그런 말을 하지 않아도 아이들은 이미 공부 잘하는 친구와 운동 잘하는 친구, 나보다 더 뛰어나 보이는 친구들 사이에서 자신을 비교하며 패배 의식을 가지고 있는 경우가 많습니다.

수행평가와 레벨 테스트로 결정되는 학업 능력이 마치 아이의 정체성인 듯 간주되는 시대에, 아이들은 건강한 '나'를 찾기 어렵습니다. 그렇기에 부모가 먼저 아이를 믿기로 작정하자는 마음을 먹어야 합니다. 세상의 평가가 어떻든 적어도 부모만은 세상과는 다른 이야기를 해주는 사람이 되어 아이를 지지해야 합니다.

1964년 하버드대 로버트 로젠탈 Robert Rosenthal 교수가 미국의 초등학생들을 대상으로 한 피그말리온 효과(Pygmalion effect) 실험에서 믿음의 힘을 확인할 수 있습니다. 이 연구에서 로젠탈 교수는 전교생을 대상으로 지능 검사를 진행한 뒤 학업 성취 잠재력이 높은 학생들의 명단을 교사에게 전달했습니다. 실은 그 명단은 검사 결과와 관계 없이 작성되었지만, 교사는 선정된 학생들의 학업 성취도가 곧 향상될 거라 믿었죠. 그 결과 명단 속 학생들의 성적은 실제로 크게 높아졌습니다. 교사의 긍정적인 기대와 격려가 자기 충족적 예언이 되어 학생들의 성과를 향상시키는 데 기여한 것입니다.

이 피그말리온 효과를 육아에도 적용할 수 있습니다. 아이들은 매일 실패하고 실수합니다. 그리고 실수를 저지를 때마다 그동안의 경험을 토대로 부모의 반응을 예측하죠. 이때 부모가 긍정적인 마음과 기대를 보여준다면 이 경험을 통해 아이들은 암묵적으로 스스로에 대한 믿음을 학습해 나갑니다.

그리고 부모 또한 아이를 믿어주려고 작정하는 마음을 가지며 비로소 부모가 되어가는 것을 느낄 수 있습니다. 믿을 수 없는 상황에서도 믿음을 지키는 것은 내 아이를 통해서가 아니라면 경험하기 쉽지 않은 일이니까요.

저에게도 그런 경험이 있습니다. 가족이 다 함께 캠핑을 떠난 날이었습니다. 캠핑장 한 편에는 토끼들에게 당근을 줄 수 있는 체험장이 마련되어 있었죠. 동물을 좋아하는 하은이는 체험을 해보고 싶다며 토끼 우리로 향했고, 저는 체험장과 가까운 자리에 앉아 아이를 지켜보았습니다. 토끼 우리에서는 하은이와 비슷한 또래의 남매가 토끼에게 당근을 주고 있었습니다. 남매는 하은이에게 다가와 연신 말을 걸었지만, 하은이는 여전히 아무 대답도 꺼내지 못했죠. 당시 하은이는 여전히 낯선 사람과 소통하는 것을 힘들어했고, 저 없이 혼자 타인과 교류할 수 있다고는 믿기 어려운 상태였습니다. 곧장 나서서 아이를 도와주려던 저는, 그때까지 저를 돌아보지 않는 하은이의 뒷모습을 보며 순간 이런 생각을 떠올렸습니다.

'지금 내가 하은이를 믿어주지 않으면 또 누가 믿어주겠어.'

저는 하은이가 도움을 청하기 전까지는 우선 뒤에서 조용히 상황을 지켜보기로 했습니다. 그러자 얼마 후 놀라운 장면이 펼쳐졌습니다. 하은이가 자신이 들고 있던 당근을 남매에게 나눠준 것입니다. 비록 아무 말도 꺼내지 못한 건 마찬가지였지만 아이들은 대화 없이도 나란히 앉아 사이좋게 토끼들에게 먹이를 주었습니다. 저 또한 믿기 어려웠지만 아이는 이미 자기만의 방식으로 성장하기 위해 애쓰고 있던 것입니다.

믿을 만하고 믿을 수 있는 확실한 순간에 믿어주는 것은 누구나 할 수 있습니다. 하지만 불확실한 순간과 믿을 수 없는 상황에서 그 시간을 버티며 믿어주는 것은 부모만이 할 수 있는 일입니다. 아이는 당장 변하지 않더라도, 자신을 끝까지 믿어주는 부모로 인해 변하고자 하는 마음을 먹을 것입니다. 더 성장하고 발전하고자 노력하려는 마음은 결국 아이를 성장시킬 테고요.

부모의 믿음은 아이가 자신의 장점과 단점 모두를 받아들이게 하는 자기수용력의 근원이자 원동력이 됩니다. 균형 잡힌 자기수용력을 가진 아이는 어떤 상황에서도 '나답게' 세상에 적응해 나가는 적응지능을 획득하게 될 것입니다.

● TIP ●

부모와 아이의
자기수용력을 높이는 말

부모와 아이의 자기수용력을 높이는 말

부모가 자신의 자기수용력을 기르기 위해

- "나(부모)도 실수할 때가 있어. 흔들려도 다시 길을 찾는 부모가 될 거야."
- "완벽하지 않아도 돼. 지금 모습 그대로 충분히 좋은 부모가 될 수 있어."
- "아이의 키가 매일 자라는 것처럼 나도 나의 약점을 인정하고 부모로서 성장할 거야."
- "나에게는 부족한 점이 여전히 많지만, 이를 채우기 위해 앞으로 더 배워갈 거니까 괜찮아."

아이의 자기수용력을 길러주기 위해

- "네가 어떤 모습이든 나는 너를 믿고 사랑해. 그러니 서툰 모습을 보여줘도 괜찮아."
- "당장 잘 해내지 못해도 돼. 너는 아직 완성되지 않은 멋진 퍼즐이야. 퍼즐 조각이 다 맞춰지기까지는 시간이 걸리니 초조해하지 마."
- "너는 너의 모습 그대로 사랑받을 자격이 있는 존재야."
- "네가 뭘 하든 안 하든 내가 엄마, 아빠 곁에 있다는 게 소중해."
- "조금 느려도 괜찮아. 나무도 시간이 지나야 꽃이 피거든."

부모와 아이가 함께하는 자기수용력 활동지

내 아이의 모습을 있는 그대로 인정하기 위해서는 부모가 먼저 자기 자신을 수용할 수 있어야 합니다. 아래는 부모가 자신의 자기수용력을 돌아보는 질문들이에요. 이 질문의 답을 돌아보며 '나'를 받아들이는 마음을 가져보세요.

: 부모 활동지 :
나를 되돌아보는 시간

① 어릴 적 나는 어떤 아이였나요?

....

....

② 현재 내가 가진 장점이나 강점은 무엇인가요?

....

....

③ 현재 내가 가진 단점이나 약점은 무엇인가요?

....

....

④ 나는 어떤 부모가 되고 싶나요?

....

....

⑤ 부모도 부모로서 성장하는 시간이 필요합니다. 좋은 부모가 되기 위해 노력하는 스스로에게 "그래도 잘하고 있어"라고 편지를 써볼까요?

....

....

: 부모 활동지 :

아이를 되돌아보는 시간

① 지금 우리 아이는 성장 발달 과정(영유아기, 아동기 초반, 아동기 후반, 청소년기) 중 어떤 시기에 있나요?

....

....

② 내 아이의 장점이나 강점은 무엇인가요?

....

....

③ 내 아이의 단점이나 약점은 무엇인가요?

....

....

④ 아이를 처음 만났던 날의 기분을 떠올려 볼까요?

....

....

⑤ 부모 눈에는 더뎌 보여도 아이는 분명 오늘도 어제보다 성장했습니다. 아이에게 "넌 네 자체로 보석같이 빛나고 있어"라고 말해주는 편지를 써볼까요?

....

....

: 아이 활동지 :
아이 스스로 자신을 되돌아보는 시간

부모가 자신의 자기수용력을 점검하는 동안 아이에게도 스스로를 돌아볼 시간이 필요합니다. 아래의 질문을 통해 아이가 자신의 마음, 생각, 가치관이 무엇인지 고민할 시간을 주세요.

① 내가 잘하는 것, 나의 좋은 점을 써볼까요?
....
....

② 내가 소중히 여기는 것들은 무엇이 있나요?
....
....

③ 최근에 한 일 중 스스로를 칭찬해 주고 싶은 일이 있나요?
....
....

④ 내가 생각하는 나의 단점이나 약점은 무엇인가요?

(예: 지각을 해요. 그 이유는 시간을 지키기 힘들어요.)

....

....

⑤ 위에 적은 나의 단점과 반대되는 행동을 적어보세요.

(예: 시간과 약속을 잘 지키는 것)

....

....

⑥ 5번과 같은 모습이 되기 위해 실천하고 싶은 일이 있나요?

....

....

⑦ '훌륭한 어른이 된 나'는 어떤 모습일까요? 구체적으로 상상해서 써볼까요?

....

....

04

[이너리더십]

스스로 리더가 되어
자기 자신을 이끄는 능력

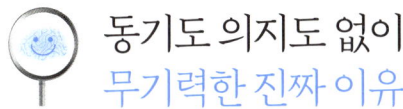
동기도 의지도 없이
무기력한 진짜 이유

"아이가 저 없이는 아무것도 못 해요. 하고 싶은 걸 마음대로 하라고 해도 멍하니 천장만 봐요."

열 살 수진이의 어머님은 말썽 없이 잘 자라던 아이의 변화에 큰 충격을 받으신 듯했습니다. 수진이 어머님은 아이 교육에 누구보다 열심인 분이었죠. 피아노, 바이올린, 미술, 논술, 수학, 영어, 독서 프로그램까지 아이에게 좋다는 학원이라면 뭐든지 찾아 꼼꼼하게 스케줄을 짜주었고, 수진이 또한 엄마가 정해준 일정을 큰 거부감 없이 따랐습니다.

문제는 아이가 초등학교 3학년이 되고부터 드러났습니다. 수진이는 엄마의 의견 없이 혼자서 장래희망란을 채우시 못했습니다. "네가 하고 싶은 일을 적으면 돼"라고 말해줘도 갈피조차 잡지 못했죠. 또래 친구들이 차차 좋아하는 일을 찾고 스스로를 알아갈 때, 수진이는 이 질문 없이는 하루를 시작하지도 못했습니다. "엄마, 나 오늘 뭐 해야 해?"

수진이와 같은 사례는 요즘 부쩍 흔해졌습니다. 아이들이 하고 싶은 일을 찾지 못하는 것, 스스로의 의지로는 무언가를 하지 않는 것이 요즘 부모님들의 큰 고민이죠. 대부분의 아이들은 아무 목표 없이 엄마가 시키는 대로 학교와 학원만 오가거나, 다른 일을 할 생각 없이 스마트폰만 들여다보곤 합니다. 간혹 진로에 대해 물어봐도 아무 생각이 없는 듯 보입니다. 아이가 주도적으로 꿈을 찾고 그 꿈을 이루기 위해 노력하는 모습은 이제 드라마에서나 볼 수 있는 걸까요? 우리는 이럴 때 보통 '동기 부여가 필요하다'라고 말하는데요. 하지만 사실 아이들에게 필요한 것은 '동기'가 아니라 '이너리더십'입니다.

적응지능의 두 번째 역량인 **이너리더십**은 '스스로 무언가를 해내도록 내가 나를 이끄는 내면의 힘'입니다. 우리가 어떤 행동을 하게 된 이유 혹은 행동을 하고자 결심하게 된 마음을 '동기'라고 하는데요. 동기가 특정한 행동을 하게 만드는 의지 혹은 단기적인 힘을 뜻한다면, 이너리더십은 특정한 행동이 아닌 모든 영역에서 앞으로의 할 일을 계획하고 조절하고 운영하는 능력을 뜻합니다.

동기와 이너리더십의 차이

	동기		이너리더십
	외적 동기	내적 동기	
요인	칭찬, 보상, 선물, 인정, 처벌 등 외부 자극에 의해 행동함	호기심, 성취감, 즐거움 등 내면의 감정에 의해 행동함	자기인식, 자기주도성, 목표, 가치, 신념 등에 기반하여 주체적으로 행동을 조율함
지속성	보상 ⇩ → 행동 ⇩	흥미 ⇩ → 행동 ⇩	환경 변화나 내부적 좌절에도 신념과 가치를 지키기 위해 방향성을 유지함
방향성	외부 자극, 조건에 따라 달라짐	자신의 흥미, 열망, 감정에 따라 달라짐	개인의 가치와 신념에 따라 결정 → 일관된 방향성을 가짐
적용 사례	용돈을 받기 위해 시험 공부를 함	수학 퍼즐에 재미를 느껴 시간을 잊고 문제를 해결함	환경보호에 관심을 가지고 쓰레기 줍기를 하던 아이가 플라스틱 재활용과 관련된 기술을 개발하여 청소년 창업 대회에 나감

예를 들어 영어 성적을 올리면 용돈을 받기로 했습니다. 이때 용돈은 외적 동기이며, 성적을 올리려는 노력은 외부적 보상에 의한 일시적인 행동입니다. 성적이 오르고 용돈을 받자 성취감을 느

긴 아이가 더 높은 점수를 위해 열심히 공부한다면 이는 성취감이라는 내적 보상에 의한 행동이라 볼 수 있겠죠. 이 예시에서 용돈과 성취감은 영어 공부라는 특정 행동을 하도록 만든 동기로 작용했습니다. 하지만 전자의 경우 더 이상 용돈이 주어지지 않는다면, 또한 후자의 경우 이번 시험에서 성적을 받고 난 뒤 더 이상 시험을 볼 일이 없다면 영어 공부라는 행동은 결국 지속되지 않을 것입니다.

반면 이너리더십은 장기적이고 지속적입니다. 우선 이너리더십은 '내가 어떤 사람인가?' 혹은 '나는 어떤 사람이 되고 싶은가?'와 같이 '나'라는 정체성과 강하게 연결되어 있습니다. 학교에서 봉사 활동을 통해 누군가를 돕는 일의 기쁨을 알게 된 아이가 봉사 활동이 끝난 후에도 해외의 난민 문제와 빈곤 문제에 대해 공부해 해외 아동을 돕고자 하는 마음을 품게 되었습니다. 여기서는 '나도 누군가에게 필요한 사람이 되어 그들을 돕고 싶다'라는 정체성과, 빈곤을 해결하겠다는 가치 및 신념이 이너리더십으로 작용합니다. 이러한 목표를 가진 아이는 당장 영어 성적이 오르지 않아도 지속적으로 영어를 배우고, 특별한 보상이 없어도 자신의 가치와 신념에 부합한 목적의식을 가진 채 공부할 것입니다. 더 나아가 영어 외에도 신념과 관련된 많은 분야를 공부해 관심사도 확장해 나가겠죠. 이처럼 '영어 공부'라는 똑같은 행동을 보이더라도 어떤 동기와 목표를 가졌느냐에 따라 지속성은 천차만별로 차이가 납니다.

아이들에게 이너리더십은 자신의 가치관을 세우고, 스스로 동기를 부여하고, 그에 따라 행동하게 하는 힘입니다. 누가 시켜서 하는 억지 공부가 아니라, 자신이 직접 세운 목적에 의해 공부하는 것이죠. 이는 비단 학습만이 아니라 꿈과 진로를 찾아 앞으로 나아가는 힘으로 이어지게 됩니다.

이너리더십이 적응지능의 하위 개념 중 하나인 이유는 이 역량이 변화하는 환경에서도 자기주도성을 잃지 않는 힘, 실패를 경험 삼아 다시 도전하는 꾸준한 의지를 나타내기 때문입니다. 이너리더십이 충만한 아이는 변화와 도전 앞에서 효과적으로 대응할 수 있습니다. 그렇기에 사실 이너리더십은 아동이나 청소년기뿐만 아니라 어른이 되어서도 반드시 필요한 능력입니다. 성인이 되어서도 격변하는 환경 속에서 스스로 의사를 결정하고 행동하는 능력이 요구되기 때문이죠. 아동·청소년기에 이 능력을 키워주면 아이는 평생 어떤 상황에서도 스스로를 리드하는 방식을 터득하게 됩니다. 끊임없이 시도하고, 도전하고, 극복하는 적응의 힘을 미리 갖추게 되는 셈입니다.

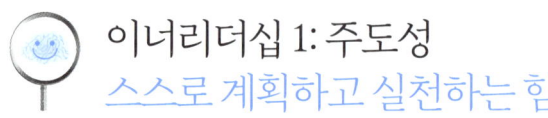
이너리더십 1: 주도성
스스로 계획하고 실천하는 힘

　이너리더십의 첫 번째 핵심은 '주도성'입니다. 부모님이나 선생님이 시키지 않아도 공부하는 것, 모든 부모가 아이에게 원하는 모습이지만 사실 이것은 성인에게도 어려운 일입니다. 회사에 다니는 어른들 중에도 상사가 시키는 일만 겨우 해내는 사람들이 꽤 있을 정도니까요.

　그렇기에 앞선 수진이의 사례처럼 많은 아이들이 꿈, 미래, 진로, 눈앞의 공부까지도 학원과 부모에게 맡깁니다. 아이들은 계획을 세우는 것도 실천하는 것도 어려워하죠. 답답해진 부모는 아이를 도와준다는 핑계로 대신 선택을 내려주지만, 이는 아이의 주도성을 키울 기회 자체를 박탈하는 일입니다.

1. 경험을 통해 인지조절력을 발달시켜 주세요

그래서 아이의 주도성을 기르기 위한 첫 번째 과제는 '다양한 경험을 늘리고 그로 인한 인지조절력 발달을 도와주는 것'입니다. 인지조절력이라는 말이 생소하지만, 우리는 매일 일상에서 자연스럽게 인지조절력을 발휘하고 있습니다. 아침에 일어나 출근한다고 생각해 보세요. 눈을 뜨면 세수하고, 밥을 먹은 뒤에 옷을 챙겨 입고, 매일 걷는 길을 따라 회사에 갑니다. 어느 날 늦잠을 자버리거나 출근길에 비가 와서 집에 다시 들어가는 일이 생겨도 '기상→출근'의 큰 과정에는 문제가 없습니다. 이렇게 필요한 과제를 순서대로 실행하는 것이 '인지조절력'입니다.

인지신경과학자 데이비드 바드르David Badre는 저서 『생각은 어떻게 행동이 되는가』(2022, 해나무)에서 인지조절력 발달에 가장 필요한 요소가 어린 시절의 다양한 경험, 즉 환경의 풍부함이라고 했습니다. 아이가 새로운 문제에 직면하고, 그 문제를 해결하기 위해 고민하며, 실패하거나 성공하는 경험을 많이 겪어야 한다는 겁니다. 이 경험을 통해 뇌는 추상적이었던 일의 단계를 더 명확하고 효율적으로 조절할 방침을 설정하는 법을 익힙니다. 이 학습이 차곡차곡 쌓여 아이의 조절 체계는 점차 최적화되고, 아무리 복잡한 과제를 마주치더라도 차근차근 수행할 능력, 즉 인지조절력을 얻게 되죠.

반면 인지조절력 발달을 가장 저해하는 요인은 부모의 과도한 개입입니다. 부모가 아이의 모든 문제를 즉각적으로 해결해 주거나 아이 앞의 장애물을 미리 제거하면, 아이는 스스로 선택해서 성공하거나 실패하는 경험을 가지지 못합니다. 수진이의 사례가 바로 이런 경우입니다. 엄마가 정해준 일정표에 따라 매일을 살아온 수진이는 혼자서 할 일을 계획하거나 실패하고 성공하는 경험을 가져본 적이 없었습니다. 이렇게 인지조절력을 제때 습득하지 못한 아이는 더 이상 부모가 개입할 수 없는 독립의 시기가 왔을 때 더 큰 혼란에 빠지고 맙니다. 내 아이를 부족함 없이 키우고 싶은 마음이야 당연하지만, 그 바람이 지나치면 아이가 성장할 기회를 빼앗기도 한다는 것을 명심해야 합니다.

2. 스스로 하는 습관을 세워주세요

주도성을 위한 두 번째 과제는 '아이가 스스로 계획하고 실천하는 습관을 만들어주는 것'입니다. 미국의 심리학자 윌리엄 제임스 William James 는 "우리 세대의 가장 위대한 발견은 인간이 마음의 태도를 바꿈으로써 삶을 바꿀 수 있다는 사실을 알아낸 것이다"라고 말했습니다. 마음의 태도를 바꾸기 위해서는 가장 먼저 습관 형성이 이루어져야 합니다.

습관은 단순히 반복되는 행동 이상의 의미를 지닙니다. 우리의 뇌는 익숙한 행동이나 생각을 강화하고 연결하는 특성이 있습니다. 같은 행동을 반복할수록 신경가소성(neuroplasticity)이 촉진되어 뇌가 그 패턴을 학습하고 유지하는 것이죠. 특히 아동·청소년기에는 습관을 통해 뇌 기능을 활성화하면서 시냅스 연결망을 강화하고, 이에 따라 행동 및 뇌 조절 능력이 변화하기도 합니다.

최근 연구 결과에 의하면 우리가 하는 모든 행동의 40퍼센트가 습관에 의해 결정된다고 합니다. 아동·청소년기의 습관 형성이 무엇보다 중요한 이유가 바로 여기에 있습니다. 우리는 매일 비슷한 일상을 살아갑니다. 그 일상 속에서 기상 시간과 공부 시간, 취침 시간과 자유 시간을 배분하고 그날그날 해야 할 일을 수행하며 규칙적인 생활을 유지하는 것이 모든 일을 해나가는 데 있어서 기본이 되죠. 이러한 일상의 계획을 부모에게 끌려다니며 수행하는 아이는 매일을 스트레스 속에서 지내지만, 주도적으로 실천하는 습관을 가진 아이는 성취감을 느끼며 살아가게 됩니다. 그렇기에 습관은 아이의 뇌에 '스스로 삶을 조직하는 능력', 즉 주도성의 회로를 차곡차곡 만들어가는 훈련이기도 합니다.

제가 실제로 하은이의 생활 습관과 학습 습관을 함께 잡아주기 위해 활용했던 두 가지 방법을 소개해 보겠습니다. 이는 복잡한 육아법이나 거창한 시스템은 아닙니다. 단지 아이의 눈높이에 맞게,

작지만 의미 있는 실천을 도와줄 도구죠. 이 방법들 또한 그대로 따르기보다는 내 아이의 성향에 따라 자유롭게 응용해 보는 것을 추천합니다. 핵심은 아이가 매일 반복하는 일상생활에서의 습관과 아이가 공부할 때 스스로 만들어가야 할 학습 습관, 두 가지를 적절히 조화하는 것입니다.

아이의 습관 형성을 위한 도구 ① 내 생각 플래너

어른들도 습관을 형성하기 위해 플래너를 많이 사용하죠. 아이들의 경우 플래너를 활용해 스스로 계획을 세울 때 '해야 할 일'보다 '자신의 생각'을 적어보는 게 더 효과적일 수 있습니다. 플래너에 해야 할 일과 시간만 나열하고, 그것을 부모가 '계획했던 일 다 했어? 아직이야?'라며 감독처럼 체크하면, 아이는 습관을 형성하기도 전에 부담부터 느낄 테니까요.

내 생각 플래너는 성공이나 실패 여부보다 스스로 생활 전반을 꾸려 보는 것에 초점을 맞추는 계획법입니다. '몇 시에 무엇을 한다'가 아니라, '오늘 꼭 하고 싶은 일은?', '하기 싫지만 해야 하는 일은?'과 같은 질문을 던져주세요. 이 방식은 아이에게 '무엇을 해야만 한다'라는 부담보다 '내가 선택한 일을 해냈다'라는 만족감을 주어 이너리더십 형성에 큰 도움이 됩니다. 특히 초등학교 저학년부터 활용하기에 좋은 방법이죠. 세운 계획을 완벽히 지키지 못해

내 생각 플래너 예시

오늘 꼭 하고 싶은 일 3개	① 수학 문제집 2쪽 풀기 ② 책 30쪽까지 읽기 ③ 만들기 놀이
오늘 하기 싫지만 해야 하는 일 1개	한글 받아쓰기 연습 10분
하루를 마무리하며 내일의 나에게 해주고 싶은 말	오늘은 수학 공부도 하고 책도 봤으니까 이만하면 잘했어! 내일도 힘내자!

도 괜찮습니다. 중요한 것은 자신의 일상을 스스로 정리하는 습관을 들이는 것입니다.

아이의 습관 형성을 위한 도구 ② 루틴 주사위

이 방법은 아이가 똑같은 일과를 지루해할 때 활용할 수 있는 놀이입니다. 아이들은 아침 준비나 하교 후 준비물 챙기기 등 반복적인 일을 금세 싫증 내곤 합니다. 이럴 때 '루틴 주사위'를 만들어 보세요. 주사위의 여섯 면에 아침 또는 저녁 루틴을 나눠 적고, 주사위를 굴려 나온 순서대로 루틴을 실행하는 것입니다. 예를 들면 아침 루틴 주사위는 이렇게 구성해 볼 수 있습니다.

① 이불 정리 ② 양치와 세수 ③ 아침 식사
　④ 책가방 싸고 준비물 살피기 ⑤ 5분 스트레칭 ⑥ 옷 입기

　주사위를 굴려 나온 순서에 따라 놀이처럼 루틴을 실천하다 보면, 아이의 뇌도 점차 '이 순서대로 하는 게 더 편해'라고 느끼는 특정 흐름을 찾아 익히게 됩니다. 일정한 리듬을 갖고 행동하는 습관은 아이가 이후에 더 복잡한 일의 계획을 세울 때도 자신만의 방식대로 정리해서 차근차근 해내는 힘을 키워줍니다. 해야 할 일을 머릿속으로 정리하고 그 순서에 따라 행동하는 '실행 기능'이 길러지는 것입니다.

　자신의 관심사를 발견하는 것, 스스로 목표를 세우고 도전하는 것, 실패와 성공을 거듭하며 경험을 쌓는 것이 이너리더십의 핵심인 주도성을 키워주는 힘입니다. 아이들이 이너리더십을 키우는 과정에서 중요한 건 의외로 부모의 칭찬이나 도움이 아닙니다. 오히려 외부의 보상 없이 스스로 목표를 설정하며 알아가는 기쁨, 자기 일을 직접 계획하고 실천했다는 성취감이 더 큰 촉진제가 됩니다. 그러니 아이에게 스스로 자기 일을 선택할 기회를 주세요. 아이의 주도성은 한 걸음 떨어져 지켜봐 주는 부모의 태도에서부터 시작되니까요.

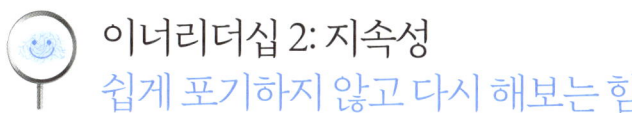
이너리더십 2: 지속성
쉽게 포기하지 않고 다시 해보는 힘

이너리더십의 두 번째 핵심은 '지속성'입니다. 어떤 일이든 포기하지 않고 꾸준하게 해내는 성실함은 어린아이나 어른 모두에게 꼭 필요한 능력입니다. "성실도 하나의 재능이다"라는 말이 있을 정도로 목표를 향해 꾸준히 나아가는 힘은 무척 중요합니다. 특히 아이들은 다시 시도하고자 하는 의욕이 크지 않고 쉽게 포기하려는 경향이 있기 때문에 구체적이고 실질적인 방법으로 지속성을 키워줘야 합니다.

1. 아이의 롤 모델을 찾아주세요

지속성을 키우기 위한 첫 번째 방법은 '누군가를 모델링하기'입니다. 아동·청소년기 아이들은 사람들의 시선과 유행, 또래의 반응에 민감합니다. 이러한 특성 때문에 이상적인 롤 모델이 생기면 그를 따라 하고자 합니다.

아이들이 본받을 만한 이상적인 인물을 찾아 그들의 행동을 모방하는 과정을 '모델링'이라고 합니다. 모델링 과정을 통해 아이들은 목표를 향해 나아갈 동기를 얻습니다. 또한 그들의 행동을 관찰하고 모방하면서 자신만의 성장과 발전을 이룰 수 있습니다.

중학교 1학년인 수현이는 옷에 관심이 많지만 패션디자인으로 진로를 정해도 될지 고민이 많았습니다. 저는 이런 수현이와 부모님에게 롤 모델을 찾아보라고 제안했죠. 그렇게 수현이는 샤넬의 창립자인 코코 샤넬을 롤 모델로 정했습니다. 특히 수현이의 마음을 사로잡은 것은 '여성들이 더 자유롭고 편안하게 입을 수 있는 옷으로 혁신을 일으키자'라는 그녀의 패션 철학이었습니다. 수현이는 그처럼 자신만의 스타일과 철학으로 패션계에 영향력을 미치는 디자이너가 되고 싶다는 용기를 얻었고, 적극적으로 샤넬의 생애를 연구하며 패션디자인 콘테스트에 나갈 계획을 세우게 되었습니다.

이렇게 롤 모델을 설정하는 과정을 통해 수현이는 꾸준히 목표를 향해 나아갈 원동력을 얻었습니다. 아직 진로를 탐색하기에 이른 아동기 자녀는 아이가 닮고 싶은 롤 모델을 자연스럽게 찾을 수 있도록 책이나 미디어를 활용해 봐도 좋습니다.

2. 미래의 멋진 내 모습을 구체적으로 상상하게 해주세요

지속성을 키우기 위한 두 번째 방법은 '나의 미래를 구체적으로 그려보기'입니다. 아이들에게 "미래의 네 모습을 상상해 봐"라고 말하면 대체로 비슷비슷한 대답이 나오곤 합니다. "아이돌이 돼서 춤을 추고 있어요", "유튜버가 돼서 전 세계를 돌아다니며 여행해요" 등 인기 있는 직업을 말하거나 두루뭉술하게 표현하기 일쑤죠. 아이들이 더 생생하고 구체적인 미래를 그리기 위해서는 목표 설정, 시나리오 작성, 시각화 등의 과정이 필요합니다.

예를 들어볼까요? 제가 만난 지우는 그림 그리기를 좋아합니다. 그래서 꿈을 물어보면 막연히 미대를 졸업하고 그림 그리는 모습을 상상했죠. 그런 지우에게 "10년 후 네가 유명한 일러스트레이터가 되어 책 표지에 네 그림을 싣는다면 어떤 그림일 것 같아?"라고 물어보았습니다. 그러자 지우는 곰곰이 생각하다가 "저는 동물을 좋아하니까 동물 그림이 아닐까요? 아니면 아이들이 나오는 동화책도 좋아요"라고 대답했습니다.

구체적인 질문을 통해 지우는 단순히 일러스트레이터라는 납작한 장래 희망이 아니라, 그 꿈을 이룬 자신의 모습을 상상할 수 있었습니다. 이러한 시각화 과정은 현재의 노력과 미래의 목표를 연결짓는 데 큰 도움을 줍니다. 아이와 함께 미래의 모습을 그림으로 그려보거나 글로 써보세요. 미래의 자신에게 편지를 써보거나 단계적인 계획표를 만들어보는 것도 좋습니다. 자신이 노력한 결과로 어떤 성취를 이룰 수 있을지 구체적으로 상상할 때 아이는 목표를 향해 꾸준히 노력하는 힘을 얻을 수 있습니다.

3. 아이에게 너도 누군가를 도울 수 있는 사람임을 알려주세요

지속성을 키우기 위한 세 번째 방법은 '자신이 누군가에게 도움이 되는 사람임을 체감하는 것'입니다. 자신이 타인에게 도움이 될 수 있다는 사실은 아이들에게 큰 자부심과 자신감을 선물합니다. 아이들은 자신이 가치 있는 존재라고 느낄 때 우리가 상상도 하지 못할 동기와 지속성을 얻습니다.

이때 도움에 대한 칭찬은 "네가 도와준 덕에 동생이 수학 문제를 풀 수 있었어", "네 아이디어 덕분에 팀이 좋은 점수를 받았네" 등 구체적으로 주는 것이 좋습니다. 꼭 공부나 과제에 대한 칭찬이 아니더라도 괜찮습니다. 집에서 간단한 심부름을 하거나 부모를 도와주는 등의 작은 일도 아이에게는 큰 의미가 될 수 있습니다.

하은이에게도 이 같은 경험이 있었습니다. 초등학교 1학년 때 처음으로 친구네 집에 놀러 갔을 때 일이었습니다. 친구에게는 이제 막 한글을 배우는 어린 동생이 있었습니다. 동생은 집에 놀러 온 하은이에게 한글 단어 쓰기 책을 들고 와서는 단어를 하나하나

설명해 달라고 졸랐습니다. 하은이는 외동이라 동생 돌보는 일이 익숙지 않아 조금 당황하기도 했지만, 곧 마음을 다잡고 차근차근 단어 뜻을 알려주었습니다. 동생은 하은이의 설명에 "언니 정말 똑똑하다!", "언니 최고야!" 하며 감탄하기도 하고, "왜 우리 언니는 이렇게 다정하게 안 알려주지?"라며 입을 삐죽이기도 했죠.

그 경험 이후 하은이의 책 읽는 습관이 달라졌습니다. 이전까지 하은이는 책을 빠르게 훑으며 읽는 편이었는데요. 전체 이야기만 파악하고 단어 하나하나까지는 깊이 들여다보지 않았죠. 그런데 누군가에게 단어를 설명해 주는 경험 이후부터는 글을 더 꼼꼼히 읽기 시작했습니다. "은서 동생이 언제 또 물어볼지 모르니까 준비해 놔야 해"라면서 말이죠. 이처럼 아이들은 자신의 행동이 다른 사람들에게 긍정적인 영향을 미칠 수 있다는 것을 깨닫는 순간, 자신의 역할과 책임을 자각합니다. 그때 느낀 자부심이 주도적으로 행동을 지속할 힘을 길러줄 것입니다.

지속하는 힘은 그저 꾸준한 노력이 아닙니다. 자신의 목표를 향해 달려가고, 성장과 발전을 위해 계획을 짜고, 다른 사람과 소통하는 것이죠. 이를 통해 아이들은 자신의 삶을 더욱 풍요롭게 만들 수 있습니다. 경영학자 피터 드러커 Peter Drucker는 "가장 효과적인 리더십은 자신에게서 시작된다. 스스로를 이끌어가는 법을 배우지 못한 자는 타인을 이끌 수 없다"라고 했습니다. 스스로를 이끌 수 있는 아이는 어떤 곳에 있더라도 상황을 긍정적인 방향으로 이끄는 사람으로 자라날 것입니다.

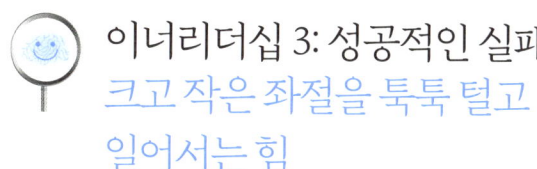
이너리더십 3: 성공적인 실패
크고 작은 좌절을 툭툭 털고 일어서는 힘

　대부분의 부모는 아이에게 좋은 것만 물려주고 싶어 합니다. 하지만 그에 비해 좋은 것을 만드는 방법을 알려주는 부모는 많지 않습니다. 왜 그럴까요? 보통 우리가 말하는 '좋은 것'은 이미 만들어져 있거나 주어진 것을 뜻합니다. 부모는 아이에게 좋은 것을 주기 위해 체계가 잘 잡힌 좋은 교육 환경, 좋은 교재, 좋은 커리큘럼이라는 틀을 따라가죠. 이런 부모의 기대에 맞춰 아이도 원하는 결과를 얻으면 좋겠지만, 실상은 그렇지 않은 경우가 더 많습니다. 부모의 관점에서는 좋아 보였던 학원이 아이 입장에서는 원치 않았던 거라면, 수업에 적극적으로 참여하지 않을 테니 결국 의미 없는 시도가 될 뿐이죠.

때문에 부모의 눈에는 조금 어설프고 불완전해 보여도 아이가 직접 선택해 실패를 경험하도록 해야 합니다. 이 과정은 이너리더십 형성에 필수입니다. 아이가 스스로 계획을 세우고 실천한다고 해도 그 계획에 차질이 생기거나 끝내 원하는 결과를 얻지 못했을 때 쉽게 포기하거나 무너진다면 이는 강한 이너리더십을 가진 모습이라 할 수 없죠.

아직 세상에 미숙한 아이들은 현재의 상황과 실패를 어른들보다 더 크게 받아들입니다. 지금 나에게 일어난 일이 세상에서 가장 큰일인 것 같고, 이미 벌어진 일은 아무리 노력해도 바꿀 수 없다고 느끼기 쉽습니다. 그래서 성공 가능성이 낮은 일은 시도조차 하지 않는 경우도 많습니다. 이런 아이들은 공부할 때도 비협조적인 태도를 보이거나 자기 비하를 일삼는 등 무기력한 모습을 보입니다.

그렇기에 아이에게 꼭 필요한 것이 '성공적으로 실패하는 경험'입니다. 기대와 다른 결과를 새로운 도전의 발판으로 삼아 자아를 더 단단하게 다지는 것이 바로 '성공적인 실패'입니다. 그렇다면 아이에게 성공적인 실패를 경험시켜 주기 위해 부모가 갖추어야 할 태도는 무엇일까요?

1. 무작정 공감하기보다 "천천히 편하게 알아서 해봐."

공감은 안정적인 애착이 필요한 부모와 자녀와의 관계에서 매우 중요한 요소입니다. 특히 영유아기 아이는 감정이 세분화되어 있지 않고 자기 감정을 스스로 돌볼 수 없기 때문에, 부모의 공감이 신뢰의 바탕이자 자존감과 정체성을 형성하는 기반이 됩니다. 그래서 이 시기 아이들이 실패를 경험했다면 속상한 마음을 공감해 주고, 다시 한번 도전해 보자고 이끌어줘야 합니다.

하지만 아동·청소년기에는 조금 다른 방식의 공감이 필요합니다. 우선 아이는 사춘기를 경험하고 자아가 강해지면서 부모와의 관계에 불만을 가지고 있을 가능성이 큽니다. 이런 아이에게 "속상했겠구나. 괜찮아, 다음에는 더 잘할 수 있어"와 같이 무조건적이고 긍정적인 피드백을 주면, 오히려 "아니, 안 괜찮아! 내 기분은 알지도 못하면서!"라며 반감을 살 수 있습니다.

스스로 무언가를 시도했다가 실패를 경험한 아이에게 필요한 것은 공감보다 '신뢰'입니다. "잘할 수 있어!"라는 응원은 자칫 부담과 재촉으로 다가갈 수 있습니다. 그보다는 "마음 편하게 해"라고 격려해 보세요. 잘할 수 있다는 응원이 성공적인 결과를 내길 바란다는 표현이라면, 마음 편하게 하라는 격려는 결과에 상관없이 아이의 속도와 방식을 지켜보겠다는 나짐으로 다가갈 것입니다.

아이가 실패를 실패로, 좌절을 좌절로 받아들이기 위해서는 시간이 필요합니다. 그 실패와 좌절의 시간을 부모의 공감이 단축시켜 줄 수는 없습니다. 우리가 해줄 수 있는 건 아이가 충분히 좌절하고 나면 다시 일어설 것임을 믿으며 기다리는 일뿐입니다.

2. 감정을 객관적으로 바라보며 "넌 지금 조금 불안한 것뿐이야."

아이는 성장하는 동안 실패를 경험하며 다양한 감정을 함께 느낍니다. 새로운 도전에 대한 기대와 두려움, 성공에 대한 불안과 설렘, 실패하며 느끼는 좌절과 수치심까지……. 하지만 정작 아이는 이런 복잡한 감정들을 정확히 이해하지는 못합니다. 때문에 부모의 눈에는 아이가 감정에 갇혀 있는 것처럼 보일 수 있습니다.

이때 부모는 아이가 느끼는 감정을 있는 그대로 읽어주되, 감정과 행동을 분리하는 방법을 가르쳐야 합니다. 감정은 느끼는 것이고 행동은 선택하는 것이란 사실을 알면, 아이도 충동적으로 반응하지 않고 감정을 흘려보내는 힘을 기를 수 있습니다.

물론 이때도 아이의 연령별로 다르게 접근하는 부모의 요령이 필요합니다. 4~10세 유년기 아이들은 감정에 휩쓸려 행동하기 쉽고, 왜 그런 행동을 했는지 설명하기도 어려워합니다. 따라서 부모가 아이의 감정을 대신 말로 풀어주는 연습을 해야 합니다. 그런 뒤에 조심스럽게 행동과 감정을 분리해야 합니다.

1단계: 감정을 말로 풀어주기

"게임에서 질 때마다 너무 화가 나는 건 네가 이기고 싶다는 마음이 그만큼 컸기 때문이야."

2단계: 행동과 감정을 분리하기

"화가 난 건 이해해. 그런데 물건을 던지면 위험하니까 그 감정을 말로 표현해 보자."

한편 11~18세 사춘기 아이들은 자신의 감정을 누군가 설명해주는 걸 꺼리는 경향이 있습니다. 그렇기에 너무 직접적이거나 가르치는 듯한 대화보다는, 아이가 스스로 생각할 수 있도록 판단과 평가를 배제한 대화나 부모가 먼저 자신의 경험을 털어놓는 대화가 효과적입니다.

사춘기 자녀와 판단과 평가 없이 대화하기

"나도 학교 다닐 때 시험 보기 전에 이상하게 아무것도 하기 싫고 짜증 났던 적이 있었어. 나중에 보니 긴장해서 그런 거였더라."

"요즘 네가 친구한테 예민해진 거, 혹시 시험을 앞두고 있어서 그런 건 아닐까?"

"네가 지금 느끼는 감정이 너를 다 말해주는 건 아니야."

감정 조절은 '감정을 그대로 느끼는 나'와 '그 감정에 휘둘리지 않고 자신을 바라보는 나'를 조금씩 분리하는 연습이기도 합니다. 그렇기에 감정과 행동 사이의 거리 두기는 아이들이 성장함에 따라 반드시 갖춰야 할 자기 이해이자 자기 조절입니다.

3. 실패를 분석해서 "잘한 것도 못한 것도 속 시원히 알아보자."

아이들의 시선은 과거나 미래보다 현재에 집중되어 있습니다. 그렇기에 지금의 실수가 미래의 더 좋은 결과를 위한 과정이라는 것을 받아들이기 어려워합니다. 그렇기에 부모는 실패가 끝이 아니라는 것을 아이에게 객관적으로 알려줘야 합니다.

"누구나 실수할 수 있고 마음먹은 대로 잘 안 될 수 있어. 이번에는 이 부분에서 생각지 못한 일이 벌어져 당황했던 거지? 그럼 다음에 같은 일이 생기면 어떻게 하고 싶어?" 이렇듯 단순한 위로에서 나아가 다음 과정에 대한 새로운 시선을 제공해야 합니다. 그래야 현재의 결과에 갇혀 있는 아이의 시선을 미래로 돌릴 수 있습니다. 물론 이 과정은 아이가 실패를 해결 가능한 과제로 받아들일 때 천천히 시작하는 것이 좋습니다.

다음에는 아이가 시도했던 방법의 장점과 단점을 짚어주며, 이를 어떻게 보완하고 해결할 수 있을지에 대해 질문합니다. "네가 잘한 부분도 많았어. 그런데 이 부분은 조금 더 연습하면 다음에는 더 나아지지 않을까?"

실패를 분석한 뒤에는 아이를 믿고 기다려주세요. 직접적인 개입 없이 묵묵히 아이를 기다려주어야 아이는 부모에게 신뢰를 얻고 있다는 자신이 생깁니다. 우리도 누군가가 나를 조용히 믿고 기다려줄 때 더 큰 힘을 내니까요. 부모의 기다림과 지지는 아이가 스스로를 믿고 실패를 극복할 힘을 기르는 데 큰 도움이 됩니다.

이너리더십을 단단하게 쌓는 8단계 공식

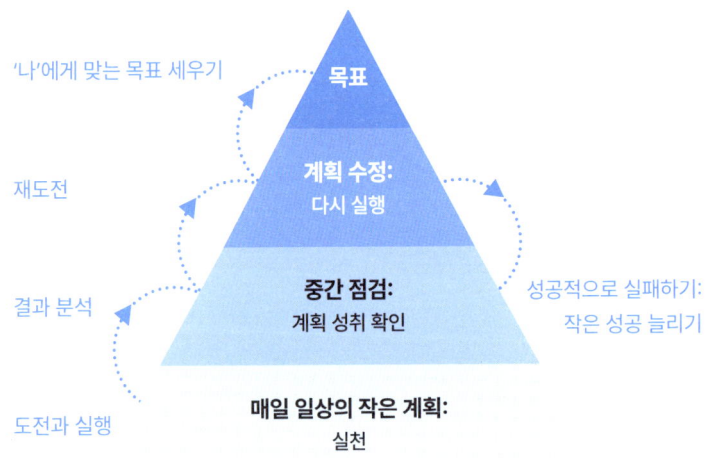

😊 1단계: 나에게 맞는 목표 설정하기

아이의 장점과 단점을 고려해 알맞은 목표를 설정합니다. 너무 이상적인 목표보다는 현재 아이의 수준에서 달성할 수 있는 목표를 세워야 성취 가능성이 높아집니다.

😊 2단계: 구체적이고 실천 가능한 계획 세우기

목표 달성으로 향하는 단계를 그림으로 그려 계획을 세웁니다. 이때 중요하다고 생각하는 단계에는 색을 다르게 칠하거나 표시해 주세요. 각 단계를 돌파할 방법을 구체적으로 고민해 보는 활동이 아이들의 계획 능력과 조직화 능력을 향상시킵니다.

😊 3단계: 부정적 감정 관리하기

목표를 수행하는 과정에서 우리를 가장 힘들게 하는 것은 실패에 대한 두려움, 불안에 의한 회피, 좌절감 등의 부정적인 감정입니다. 특히 아동·청소년기의 아이들은 감정을 조절하고 관리하는 법을 잘 알지 못하기에 부모가 옆에서 그 감정을 어떻게 다루어야 하는지 알려줘야 합니다.

😊 4단계: 주변 사람들과 환경을 이용하기

목표를 세워놓고 실행하는 법을 모르는 아이도 많습니다. 도서관, 인터넷 등 주변 환경을 이용하는 법, 전문가를 찾아가 직접 질문하는 법 등 해결책을 찾는 것도 목표를 이루는 과정이에요. 다만 청소년기에는 도움을 요청하는 것을 부끄러워하거나 자존심 상해하는 경우가 있습니다. 도움을 요청하는 것은 자신의 나약함을 드러내는 게 아니라 주변 사람들과 협력해 더 효과적인 계획을 수립해 나가는 과정이라는 걸 알려주세요.

😊 5단계: 새로운 목표 설정하기

앞에서 수립한 계획에 차질이 생겼을 때 실패의 원인이 무엇인지를 아이와 함께 이야기해 봅니다. 목표란 단번에 성취되는 것이 아니라 무수히 많은 도전과 실패를 통해 재수립되는 것임을 아이에게 알려줘야 합니다. 성공한 사람들은 어떻게 고난과 좌절을 극복했는지 책, 뉴스 등을 읽고 아이들과 실현 가능한 목표를 다시 세워보세요.

😊 6단계: 긍정적 자기 인식 강화시키기

지금까지의 경험을 회고하며 자기 자신을 긍정하는 마음과 목표를 세운 동기를 강화하는 단계입니다. 여기에는 작은 성공 경험과 실패 경험까지 포함됩니다. 구체적인 활동으로는 시도해 본 성공 경험과 실패 경험 떠올리기, 감사 제목 찾기, 나를 믿어주고 지지해 준 사람 떠올리기, 다시 시도해 보려는 마음가짐 써보기 등이 있습니다.

😊 7단계: 옆 사람 도와주기

나보다 어린 동생이나 같은 도전을 하는 친구에게 어떤 도움을 줄 수 있을지 고민해 보는 것도 좋습니다. 이너리더십이 잘 형성된 아이는 누군가에게 의미 있는 영향을 주는 일을 찾는 삶에도 관심을 가집니다. 자기 자신만이 아니라 한 무리의 리더 역할을 해보기도 하고, 주변 사람의 힘듦을 격려하고 헤아리며 내적 균형과 외적 균형의 조화를 이룰 수 있습니다.

😊 8단계: 목표와 계획을 재점검하고 기록하기

모든 과정을 재점검하고 기록해 성공과 실패, 도전과 성장이라는 데이터를 쌓습니다. 동시에 그 과정을 재점검하면서 문제를 해결하는 메타인지를 발달시키기도 합니다. 처음 세웠던 목표를 점검하고 실패와 실수를 정리하면서, 그 실패가 다른 결과로 이어지기도 한다는 것을 체감할 수 있습니다.

PART 3

우리

관계 속에서
조화롭게
살아가는 아이

전 세계가 하나로 연결된 사회에서 우리 아이는 수많은 형태로 타인과 관계를 맺으며 살아갑니다. 종잡을 수 없을 만큼 다양해진 관계 속에서 아이들은 상처 받기도 하고 좌절하기도 하죠. 이렇듯 복잡한 관계 속에서 외로움을 느낄 때, 아이들은 부모가 전해주었던 마음의 힘을 떠올립니다.

"넌 절대로 혼자가 아니야. 네가 지금 실패해도 엄마가 뒤에 있어."
"사람들과는 이렇게 어울리면 되는 거야. 아빠가 알려준 거 잊지 않았지?"

아이가 도전과 관계 속에서 넘어져도 다치지 않을 안전지대가 되어주는 '스캐폴딩'과 존중을 바탕으로 타인과 원활한 소통을 나눌 수 있도록 도와줄 '사회지능'. 이 두 가지 역량을 지닌 아이는 다양한 사회적 관계 속에서도 적응지능을 키워가며 건강하게 스스로를 지킬 수 있습니다. 아이에게 '우리'라는 든든한 울타리를 만들어줄 이 힘을 어떻게 쌓을 수 있는지 PART 3에서 살펴봅시다.

05

[스캐폴딩]

흔들리지 않는 믿음으로
아이의 마음에 안정감을 주는 조력

훈육이 필요한 순간 vs. 위로가 필요한 순간

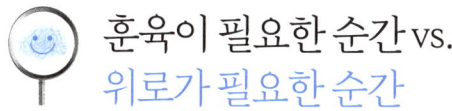

"예의 바른 아이로 키우려 했는데, 이젠 저에게 아무런 이야기도 해주지 않아요."

아홉 살 지윤이의 냉랭한 태도에 어머님은 많이 당황하신 듯했습니다. 어머님은 어릴 적부터 지윤이의 생활 습관과 공부 습관을 엄하게 교육하셨습니다. 식당이나 놀이터에서의 태도부터 게임 금지까지, 아이에게 올바른 습관을 심어주기 위해 부단히 애썼죠. 하지만 어쩐 일인지 지윤이는 점점 말을 듣지 않고 짜증만 늘었습니다. 이젠 밖에서 무슨 일이 있었는지 물어도 "엄마가 내 마음을 어떻게 알아?"라며 문을 닫아 버립니다. 어머님은 자신의 방식이 잘못되었던 것인지, 이제 지윤이의 마음을 어떻게 알아줘야 할지 걱정이 많습니다.

"아이가 학교에서 친구들과 잘 못 지내요. 고집이 너무 세서 아이들이 경준이와 놀기를 싫어한다네요."

경준이 아버님은 이게 다 아이를 잘못 훈육한 탓이라며 자책하셨습니다. 경준이는 어릴 적부터 주장이 강한 아이였습니다. 아버님은 아이의 의사를 존중하고 싶은 마음에, 또 자기주장을 잘 드러내는 게 나쁜 건 아니라는 생각에 집에선 경준이의 고집을 대부분 들어주셨습니다. 문제는 아이가 초등학교에서 들어가면서부터 생겼습니다. 선생님과 친구들이 뜻대로 해주지 않을 때마다 경준이는 울거나 화를 냈습니다. 그제야 경준이에게 학교에서는 그러면 안 된다고 훈육해 봐도 잘 이해하지 못했죠. 내 말이 맞는데 왜 듣지 않느냐고 고집을 부릴 뿐입니다.

"안녕, 넌 몇 살이야?"

엘리베이터에서 마주친 연세 지긋한 할아버지가 하은이에게 인사를 건넸습니다. 아직 낯선 사람과 이야기하기를 어려워했던 하은이는 대답하지 못하고 제 뒤로 숨어버렸죠.

"어른을 보면 인사를 잘해야지. 아이 인사 좀 잘 시켜요."

결국 할아버지는 한 말씀을 남겼고, 하은이는 귀까지 새빨개졌습니다. 하은이는 아무도 없는 조용한 곳에 오고 나서야 제게 나지막이 말했습니다.

"엄마, 미안해. 인사 못 한 것도 미안하고 할아버지한테 엄마 혼나게 한 것도 미안해."

아이의 말에 마음이 복잡해졌습니다. 아이에게 선택적 함구증이 있다는 것을 모르는 할아버지를 탓할 수도 없고, 노력해도 말이 안 나온다며 미안해하는 아이를 나무랄 수도 없었죠.

"아니야, 하은이 잘못이 아니야. 처음 보는 할아버지라서 당황해서 인사 못 했을 수도 있어. 하은이도 친한 사람 만났을 때 반갑게 인사 잘하잖아? 그러면 돼. 다음에 길에서 누군가 인사를 건네면, 그때 또 인사하고 싶어질 때 해도 괜찮아."

이런 일은 종종 발생했습니다. 어느 날은 하은이와 함께 차에서 내리는데 강아지와 함께 산책을 나온 아저씨 한 분이 다가왔습니다.

"꼬마야, 오늘은 고양이 밥 안 줘?"

아마 하은이와 제가 길고양이에게 밥 주는 것을 본 적 있는 분인 듯했습니다. 아저씨는 친근하게 다가와 대화를 건넸지만, 아이는 또다시 제 등 뒤로 몸을 숨겼습니다.

"왜 숨어? 아저씨 나쁜 사람 아니야. 고양이 좋아하면 이 강아지도 볼래?"

아저씨가 강아지를 보여주려고 더 가까이 다가오자 하은이는 당황해서 어쩔 줄 몰라 했습니다. 저는 상황을 정리해야 한다는 생각에 아이 대신 인사를 건넸습니다. 그러자 아저씨는 "아니, 왜 엄마가 인사를 대신 해요? 넌 인사할 줄 몰라?"라며 또 하은이에게 말을 붙였습니다. 여러모로 불편한 상황에서 빨리 벗어나고 싶어 뒤에 숨은 아이에게 말했습니다.

"하은아, 안녕하세요 하고 인사해 봐."

제 말에 하은이는 얼굴이 빨갛게 달아오르다가 이내 울 것 같은 표정으로 차 안에 들어가 버렸죠. 저도 황급히 인사를 마치고 차에 탔습니다. 제가 당황한 아이를 달래주려 하자, 한참 동안 감정을 억누르던 하은이는 울먹이며 말했습니다.

"엄마는 누구 편이야? 나도 인사하고 싶었어. 그런데 목에 말이 걸려서 안 나와. 엄마는 내가 더 중요해? 그 아저씨가 더 중요해?"

저는 서러움에 북받쳐 우는 아이를 끌어안으며 사과했어요.

"엄마가 미안해. 아까 엄마도 똑같이 불편했는데, 빨리 인사하고 집에 가고 싶어서 네 마음을 미처 생각하지 못했어. 정말 미안해."

이 사건을 계기로 저는 훈육과 이해 중 무엇이 먼저인지를 고민하게 되었습니다. 물론 아이에게 인사 같은 기본적인 예의를 가르치는 건 중요한 일입니다. 하지만 아이의 입장에서 보면, 어떤 순간에는 가벼운 인사조차 커다란 용기를 요구하는 어려운 과제일 수 있으니까요. 낯선 사람과의 만남, 갑작스러운 상황에서 오는 불안감은 아직 적응지능이 형성되지 않은 아이가 혼자 해결해 내기 어려운 장애물일 수 있습니다. 하지만 그렇다고 아이가 준비될 때까지 마냥 기다릴 수도 없죠. 교육과 아이의 마음, 어느 것 하나 중요하지 않은 것이 없기에 부모라면 누구나 이 문제로 고민했을 것입니다.

지윤이와 경준이의 사례처럼 교육과 공감, 어느 하나에만 집중하면 분명 문제가 생깁니다. 교육에 집중하다 보면 성장하면서 변하는 아이의 마음을 알아채지 못한 채 감정만 억누르게 만들 수 있고, 공감에 집중하다 보면 아이가 자기 감정만을 우선시하게 되어 친구들과의 관계에서 문제를 일으킬 수 있습니다. 결국 교육과 공감은 조화롭게 이루어져야 합니다. 하지만 부모는 "인사를 하지 못한 것에 대해 가르치는 것이 우선일까, 아니면 아이가 느끼는 불편함에 먼저 귀를 기울여야 할까"라는 질문에 쉽게 답할 수 없습니다. 매 상황에 이런 질문을 할 수도 없고요. 이 어려운 고민의 해답은 부모의 역할에 따라 달라집니다.

모든 부모의 첫 번째 역할, 내 아이의 안전기지

첫걸음마를 뗀 순간 아이는 부모 곁에서 떨어져 자신의 발로 몸을 지지하며 앞으로 나아갑니다. 설레는 눈빛으로 주변을 탐색하기도 하죠. 하지만 조금이라도 불안이 느껴지면 곧장 부모의 품으로 뛰어듭니다. 이처럼 아이에게 부모는 세상으로 나아가기 전 첫걸음을 떼는 출발점이자, 언제든 돌아와 쉴 수 있는 편안한 둥지입니다.

심리학자 존 볼비John Bowlby는 부모의 역할을 '안전기지(secure base)'라는 개념을 통해 설명했습니다. 볼비는 아이가 세상을 탐색하기 위해서는 부모와의 안정적인 애착 관계가 필요하다고 말했죠. 아이는 부모에게 사랑받고 있다는 확신 속에서 안전기지인 부모를 뒤에 두고 낯선 환경에 뛰어들어 새로운 경험을 쌓습니다. 그리고 필요할 때는 부모에게 돌아와 위안을 얻으며 마음의 균형을 회복합니다. 아이가 마음껏 도전하고 실패를 두려워하지 않는 데에는 이처럼 부모라는 안전한 출발점이 큰 역할을 합니다.

이후 볼비의 이론을 확장한 메리 에인스워스Mary Ainsworth는 '낯선 상황 실험(strange situation experiment)'으로 아이와 부모의 애착 관계를 관찰했습니다. 실험 중 부모가 낯선 방에 아이를 혼자 두고 떠났을 때 대부분의 아이들은 불안을 느끼고 울음을 터트렸는데, 그중 일부는 부모가 돌아오자 곧 안정을 찾고 다시 놀이를 시작했습니다. 부모와의 관계에서 느끼는 편안함이 낯선 환경에서 느끼는 공포보다 더 큰 것이죠. 이런 케이스를 에인스워스는 '안정 애착'이라 명명했고, 안정 애착이야말로 부모가 아이에게 제공해야 하는 가장 중요한 감정이라 말했습니다.

아이들에게 낯선 환경은 호기심이기도 하지만 두려움이기도 합니다. 그리고 그 두려움의 이유는 무척 다양합니다. 아이의 성향이 소극적이기 때문일 수도 있고, 불안도가 높기 때문일 수도 있고, 비슷한 상황에서 나쁜 경험을 한 기억이 있기 때문일 수도 있죠. 아이들은 그 두려움을 아직 정제된 언어로 표현하지 못하기에 과장된 행동이나 충동적인 모습, 혹은 위축된 행동으로 표출합니다

다. 부모는 그런 아이에게 안전기지가 되어 아이가 편안하게 두려움을 인정하고 표현할 수 있도록 해야 합니다. 구체적으로는 '안전감(feeling of safety)'과 '안정감(stability)'을 주어야 하죠.

먼저 안전감은 안전하다는 인식, 즉 자신이 위험하지 않다고 느끼는 감정입니다. 안전감을 느끼는 요소는 다음과 같습니다.

① **신체적 안전:** 내 몸이 다치지 않을 것이라는 안전감
② **물리적 안전:** 환경적 위협이나 외부적 위협이 없을 것이라는 안전감
③ **심리적 안전:** 공포, 수치심 등과 같은 심리적인 위협이 없을 것이라는 안전감
④ **관계적 안전(고립 안전):** 부모, 선생님 등 보호자로부터 분리되지 않을 것이며 고립되지 않을 것이라는 안전감
⑤ **감정 표현의 안전:** 불편이나 부정적인 감정을 자유롭게 표현할 수 있다는 안전감
⑥ **도덕적 안전:** 불공평하거나 부당하고 억울한 일을 당하지 않을 것이라는 안전감

그다음으로 안정감은 어떤 관계나 상태로 인해 심리적으로 편안하다고 느끼는 인식이나 감정을 의미합니다. 안전감이 단순히

외부 요소로부터 해를 입지 않을 것이라는 믿음이라면, 안정감은 나답게 존재해도 괜찮다는 더 적극적인 범위의 편안함입니다. 안정감을 느끼는 요소는 다음과 같습니다.

① **애착관계적 안정:** 신뢰할 수 있고 친밀한 관계가 곁에 있을 때 느끼는 심리적 편안함

② **정서적 안정:** 심리적 표현이나 감정적 표현을 자유롭게 할 수 있도록 정서적 지지를 받고 있다는 편안함

③ **신체적 안정:** 몸이 긴장하거나 경직되지 않은 채 자유롭게 움직이고 행동해도 된다는 편안함

④ **물리적 안정:** 내가 원하는 곳에서 충분히 앉아서 쉬는 등 그 공간에 있어도 된다는 편안함

④ **사회적 안정:** 연결된 사회적 관계 속에 구성원으로 속해 있다는 편안함

아이와 함께 있다 보면 아무래도 감정적인 부분보다는 행동에 초점을 맞출 수밖에 없습니다. 아이는 불안을 행동으로 표현하지만, 그것이 부모의 눈에는 사회의 규범을 어기거나 남에게 피해를 주는 것처럼 보일 수 있으니까요. 아이가 잘못된 행동을 할 때 훈육이나 개입에 앞서 잠시 아이의 현재 감정을 관찰해야 합니다. 아이가 위의 안전감과 안정감 중에서 어떤 것을 부족하다고 느끼는

지 점검해 보세요. 그리고 아이가 안전감과 안정감을 얻을 수 있도록 "괜찮다"라고 말해주세요.

예시를 살펴볼까요? 분리 불안을 가진 서우는 보호자와 떨어지는 순간을 잠시도 견디지 못했습니다. 이런 서우에게는 어떤 말로 안전감과 안정감을 심어줄 수 있을까요?

불안해하는 아이에게 부모가 해줄 수 있는 말

"지금은 잠깐 떨어져도 해야 할 일이 끝나면 꼭 다시 만날 거야. 그게 우리 약속이야." (관계적 안전)

"엄마는 언제나 서우 편이야. 오늘도 서우가 잘 지내고 있을 거라 믿고 있을게." (관계적 안전 / 정서적 안정)

"엄마가 곁에 없을 때 서우가 무섭거나 속상하면 선생님께 말해도 괜찮아." (감정 표현의 안전)

"여긴 선생님도 계시고 친구들도 있으니까 서우 혼자 있는 게 아니야." (물리적 안전 / 사회적 안정)

아이가 불안할 때 되새길 수 있도록 가르쳐줄 말

"지금은 혼자지만 곧 엄마랑 다시 만날 수 있어." (관계적 안전)

"마음이 불안하면 선생님께 말하면 돼." (감정 표현의 안전 / 정서적 안정)

"여기 있는 시간도 나에게 소중한 시간이라고 생각해 볼래."(사회적 안정 / 정서적 안정)

"여기서 재미있는 시간 보내고 이따가 엄마에게 들려줘야지." (정서적 안정)

이 대화법의 포인트는 아이에게 막연히 '괜찮다'라는 위로를 전해주는 것이 아니라, 무엇이 괜찮은지를 구체적이고 정확하게 이해시켜 준다는 점입니다. 이런 말을 아이가 불안해할 때마다 반복해서 사용하면, 아이는 자연스럽게 자신의 내면을 지킬 '안전한 말'을 익히게 됩니다. 안정감이나 안전감이 필요할 때마다 속으로 외울 수 있는 주문을 얻는 거죠.

아이들은 세상을 향해 발걸음을 내디디면서 끊임없이 부모의 시선을 확인합니다. '내가 이걸 해도 괜찮을까?', '이쪽으로 가도 되나?'라는 질문을 품고 부모에게 답을 구하죠. 그 물음에 부모가 '괜찮아, 잘하고 있어'라는 지지를 보내주면 아이는 자신이 사랑받고 있음을 느끼며 앞으로 나아갑니다. 이런 순간이 쌓이면서 부모와 아이의 신뢰는 더욱 단단해집니다.

여기서 가장 중요한 점은 부모의 태도와 시선이 일관적이어야 한다는 것입니다. 볼비와 에인스워스의 연구에서 밝혀진 것처럼 부모가 안정적으로 아이를 받아주고 사랑과 지지를 꾸준히 표현할 때, 아이는 내적 안정감을 갖게 됩니다. 이 안정감은 어린 시절에 그치지 않고, 아이가 성장하며 직면하는 도전에도 계속해서 영향을 미칩니다. 부모가 '언제든 돌아와도 괜찮아'라는 태도를 유지하면 아이는 실패를 두려워하지 않고 다시 시도할 용기를 얻습니다. 반대로 부모가 상황에 따라 다른 태도를 보이면 아이는 자신이 항상 사랑받는 존재가 아니라고 생각하게 됩니다. 이는 아이가 성장 과정에서 겪는 도전과 갈등을 더욱 어렵게 만들 수 있습니다.

부모가 안전기지의 역할을 제대로 해준다면 아이는 편안함을 넘어 자신을 긍정적으로 인식할 힘을 얻습니다. 부모가 보내는 따뜻한 시선과 일관된 지지는 아이에게 사랑받고 있다는 확신을 심어줍니다. 그리고 이 확신은 아이가 앞으로 세상을 탐험할 때, 그 어떤 환경 속에서도 실패를 딛고 일어설 가장 강력한 기반이 됩니다.

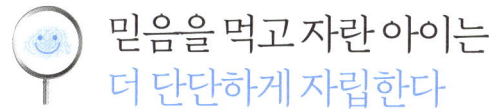
믿음을 먹고 자란 아이는
더 단단하게 자립한다

"엄마, 왜 구름이 많으면 비가 와요?" "아빠, 이 글자는 어떻게 읽어요?" "엄마, 이 자동차는 어떻게 움직여요?" "아빠, 왜 당근은 맛이 없어요?"

아이들은 끊임없이 질문을 던집니다. 언어 능력이 발달하는 세 살 무렵부터 부모와의 대화가 줄어드는 사춘기까지 종알종알 궁금한 것들을 말로 쏟아냅니다. 아이들이 질문하는 이유는 두 가지입니다. 하나는 지식을 얻고자 하는 인지적인 이유, 다른 하나는 부모가 자신에게 얼마나 관심을 가지고 있는지 확인하고자 하는 정서적인 이유죠. 그렇기에 부모는 아이의 사소하고도 반복되는 질문에 최대한 충실하게 대답해 주고자 노력해야 합니다. 아이들의 질문은 부모와의 상호작용을 통해 스스로 배우고 성장하고 관계를 쌓아가는 과정이니까요.

이 과정은 심리학자 레프 비고츠키Lev Vygotsky가 제시한 '**스캐폴딩**' 개념과도 맞닿아 있습니다. 비고츠키는 학습의 본질을 단순한 지식 습득이 아니라, 사회적 상호작용 속에서의 성장으로 보았습니다. 그런 의미에서 스캐폴딩은 학습자가 더 높은 능력을 발휘할 수 있도록 조력자가 곁에서 학습 과정을 일시적으로 지원하는 구조를 말합니다. 본래 '스캐폴딩'이란 건축 현장에서 사용되는 비계(飛階), 즉 높은 곳에 올라가기 위해 잠시 설치하는 발판이나 사다리 같은 구조물을 뜻하는 단어입니다. 비고츠키는 이를 학습과 성장 과정에 대입했죠. 건물이 완성될 때까지 비계가 건축을 돕듯, 아이가 자립할 수 있을 때까지 부모가 제공하는 조력이자 도움을 스캐폴딩이란 말로 표현한 것입니다.

부모는 자녀가 독립적으로 문제를 해결하고 성장할 수 있도록 돕는 첫 번째 조력자입니다. 부모는 유아기 자녀에게 신체적 성장을 도와줄 의식주와 정서적 성장을 도와줄 사랑과 믿음을 제공합니다. 아동기 자녀는 삶에 필요한 것을 익히고 배울 수 있도록 이끌어주고, 청소년기 자녀는 독립적인 개체로서 사회에 나아갈 수 있도록 지원해 줍니다. 이렇듯 부모가 제공하는 스캐폴딩은 단순한 지식 전달을 넘어, 아이의 성장 단계에 따라 필요한 환경을 조성하고 지지하는 역할을 의미합니다.

하지만 스캐폴딩은 환경을 만들어주는 것이지 아이의 일을 대신 해주는 것이 아닙니다. 만약 아이가 혼자서 장난감을 정리하지 못한다면 장난감을 치워주기보다는 "이 장난감은 어디에 놓아야 할까?"라고 말하며 정리하는 방법을 알려줘야 합니다. 처음에는 손을 잡고 함께 정리하다가 점차 아이가 혼자서 하도록 격려하는 것이죠. 즉, 스캐폴딩은 물리적인 도움에서부터 아이가 점차 자신감을 얻고 자립적으로 문제를 해결할 수 있는 힘을 기르는 데까지 연결됩니다.

비고츠키의 스캐폴딩 개념을 바탕으로 보면, 부모는 아이에게 디딤돌이자 사다리가 되어주어야 합니다. 자녀에게 필요만 만큼의 도움을 제공해 아이가 그 도움을 발판 삼아 더 높은 단계로 성장하도록 만들죠. 부모는 아이가 점차 독립적인 존재로 나아갈 수 있도록 필요한 시점에 도움을 줄이고 <u>스스로</u> 서는 법을 터득하게 해야 합니다.

아이에게 자전거 타는 법을 가르칠 때를 떠올려 보세요. 처음엔 넘어지지 않고 균형을 잡을 수 있도록 뒤에서 잡아줘야 합니다. 하지만 시간이 지나면 손을 떼고 아이 혼자 앞으로 나아가도록 해야 합니다. 부모가 언제까지나 자전거를 잡고 있으면 오히려 아이가 넘어지거나 갈팡질팡하면서 가야 할 곳에 도착하지 못합니다. 스캐폴딩 또한 마찬가지입니다. 부모는 스캐폴딩을 통해 아이가 스스로의 힘으로 성장할 수 있는 토대를 마련해 줍니다. 그러면 아이는 부모의 스캐폴딩을 통해 독립적으로 성장할 수 있는 힘을 얻고, 이 관계 안에서 편안하게 자신만의 능력을 개발하고 확장해 나갑니다.

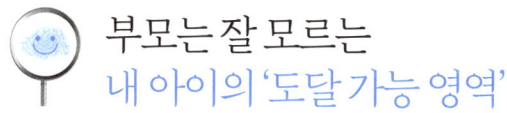
부모는 잘 모르는
내 아이의 '도달 가능 영역'

 부모라면 누구나 내 아이가 더 잘하기를 바랍니다. 하지만 그 바람을 따라주는 아이는 많지 않죠. 그럴 때 아이가 더 잘해볼 수 있도록 방향을 잡아줘야 할지, 혹은 아이가 원하는 대로 판단하도록 지켜봐야 할지 답을 내리기가 쉽지 않습니다. 방향만 조금 잡아주면, 습관만 조금 심어주면, 재미를 느낄 때까지만 버텨보면 아이가 더 잘할 수 있지 않을까 하는 기대를 부모라면 누구나 품어보셨을 겁니다.

 스캐폴딩 이론을 제시한 심리학자 비고츠키는 '근접발달영역(Zone of Proximal Development, ZPD)'이라는 개념으로 학습이 이루어지는 과정을 설명했습니다. 근접발달영역은 학습자가 혼자서 해결할 수 있는 수준과 혼자서는 해결할 수 없는 수준 사이의 구간을 뜻합니다. 바로 이 영역 내에서 스캐폴딩이 필요합니다. 학습자가 아직 불가능한 발달영역에 가까워지도록, 부모와 선생님이 학습자의 수준에 맞게 도움의 정도를 조절해 점진적으로 자립을 유도하는 것입니다. 비고츠키는 이러한 조력을 통해 학습자가 자신의 한계를 조금씩 넘어설 수 있다고 보았습니다.

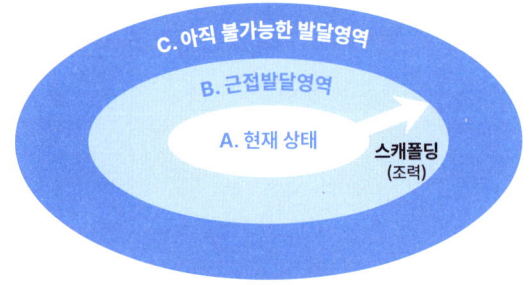

설명으로 들으면 이해할 수 있지만 실행하기는 쉽지 않은 일이죠. 단순하게 예를 들어봅시다. 이진이는 지금 퍼즐을 맞추는 과제를 풀고 있습니다. 여러 색깔, 여러 모양을 사용하며 퍼즐을 맞추고 있지만 좀처럼 맞추기가 쉽지 않죠. 이때 부모가 퍼즐 조각의 색이나 모양에 대해 간단한 힌트를 주면, 이진이는 그 힌트를 바탕으로 퍼즐을 맞출 수 있습니다. 하지만 부모가 가만히 기다렸다면 이진이 혼자서도 퍼즐을 맞출 수 있지 않았을까요? 혹은 이 퍼즐 자체가 이진이의 수준에 너무 어려운 건 아니었을까요? 힌트는 어느 정도나 주는 것이 적당할까요?

이렇듯 근접발달영역을 파악하는 것 자체도 어렵지만, 어떤 쪽이 올바른 방향의 이상적인 조력인지 판단하는 일도 무척 어렵습니다. 또한 아이가 노력하는 모습을 보여주면 부모는 더 큰 성취를 기대하게 되고, 이런 기대가 아이에게 부담이 되기도 하죠. 반대로 부모는 기대한 만큼 결과가 나오지 않으면 실망과 조급함을 느껴 아이의 현재 모습조차 부족해 보이기 시작합니다.

때문에 근접발달영역을 이해하기 위해서는 우선 부모가 아이의 현재 능력을 객관적으로 바라보고 잠재력에 대해 열린 태도를 가져야 합니다. 먼저 아이가 현재 무엇을 할 수 있는지, 어떤 도움을 받으면 더 나아질지를 구체적으로 관찰해야 합니다. 부모가 아이의 흥미와 관심사를 존중하고 아이가 좌절하는 순간을 긍정적으로 바라보는 것이 중요합니다. 아이가 과제를 하며 실수하거나 더딘 모습을 보여도 조급해하지 않고 기다려주는 자세가 필요하지요. 아이가 과제를 수행하다가 막히는 지점이 생기면 아이의 방식을 지켜보며 어떤 점에서 어려움을 겪는지 관찰합니다. 아이가 혼자 해볼 수 있도록 격려하고, 현재 수준과 가능성에 맞는 작은 목표들을 제시해 주는 것도 효과적입니다. 그럼 내 아이의 발달 가능 영역이 어디까지인지 알아볼 방법을 구체적으로 소개해 보겠습니다.

1. 먼저 아이 혼자서 해보게 하세요

지켜만 보는 일이 답답하거나 힘들지라도 처음에는 아이가 주어진 과제를 스스로 해결해 보도록 지켜봐야 합니다. 다소 시간이 걸리더라도 아이가 혼자 문제를 해결할 수 있다면, 해당 활동은 이미 아이에게 '발달이 완료된 영역'입니다.

2. 아이가 어려움에 부딪혔을 때 작은 힌트를 주세요

아이의 과제 해결이 중간에 막힌다 해도 부모가 약간의 가이드를 주었을 때 다시 진행된다면, 그 지점은 '근접발달영역'이라 볼 수 있습니다. 예를 들어 받침 없는 글자를 잘 쓰는 아이가 받침이 있는 글자는 적기 어려워할 때, 부모는 "받침이 들어가는 자리는 아래 칸이야"라고 작은 힌트를 줄 수 있습니다. 그 지지를 토대로 아이는 받침 있는 글자 쓰는 법을 터득할 수 있죠. 4+3은 쉽게 풀지만 18+15는 멈칫하는 아이에게 부모가 모눈 종이를 주며 세로셈법을 알려준다면, 그다음부터 아이는 다른 두 자릿수 덧셈 문제도 그 방법에 따라 풀어냅니다. 여기서는 '받침 있는 글자 쓰기'와 '두 자릿수 더하기'가 아이의 근접발달영역이며, 부모의 스캐폴딩으로 도달할 수 있는 성장 범위라고 볼 수 있습니다.

근접발달영역을 구분하는 포인트는 '혼자 할 수 있는 것보다 살짝 어려운 것, 부모가 방향만 짚어주면 아이가 스스로 해낼 수 있는 것'에 있습니다. 이 구간을 알아보는 눈을 갖기 위해 부모는 '지켜보고, 기다리고, 필요한 만큼만 도와주는' 태도를 가져야 합니다.

3. 아이의 미발달 영역을 인정해 주세요

하지만 부모가 아무리 관찰하고 가이드를 제시해 줘도 아이가 여전히 같은 문제를 헤맨다면, 그 부분은 우리 아이가 아직 도달할 수 없는 '미발달 영역'임을 인지해야 합니다. 이 영역은 당장 아이에게 무리하게 도전을 요구하기보다는 기다려줘야 하는 부분이죠.

부모가 기대하는 성과와 아이가 실제로 도달할 수 있는 성과 사이에는 언제나 차이가 있습니다. 이 차이를 좁히기 위해 부모의 기대를 아이의 현재 발달 수준에 맞춰 조정해야 합니다. 아이가 스스로 도전하고 해결할 수 있는 수준을 존중하는 것이야말로 스캐폴딩의 핵심입니다. 아이에게 무리한 목표를 강요한다면 아이는 목표에 도달하기도 전에 지쳐서 좌절감을 느끼게 됩니다.

물론 내 아이가 아직 도달할 수 없는 영역을 인정하는 건 생각보다 훨씬 어려운 일입니다. 부모로서 그 영역을 인정하는 것이 마치 아이를 포기하는 것처럼 느껴질 때도 있죠. '내가 아이를 위해 너 할 수 있는 것이 있는데 그걸 놓치는 것은 아닐까?', '사실 우리 아이는 이것보다 더 할 수 있는 아이인데, 내가 지금 아이를 못 믿어서 이러나?' 매 순간이 의심스럽고, '혹시 내가 무심한 것은 아닐까?', '아이가 도와달라고 눈치를 주는 것은 아닐까?' 복잡하고 혼란스러운 마음이 들기도 합니다. 아이가 힘겹게 발걸음을 내디딜 때마다 딱 한 발짝만 도와주고 싶은 유혹도 듭니다. '지금 손을 잡아주면 금방 올라갈 텐데'라는 생각에 마음이 흔들리곤 하죠.

하지만 아이를 도달할 수 없는 영역으로 너무 빨리 끌어올리는 것은 오히려 성장을 방해할 수 있습니다. 이 때문에 부모는 기대를 잠시 접고 한 발짝 물러서야 합니다. 지금은 아이 스스로 해볼 시간이 필요하다는 것을 마음속으로 되새기면서요. 그 과정에서 부모는 자신에게 필요한 것은 단순한 인내가 아니라 믿음과 신뢰라는 것을 깨닫게 됩니다.

사랑하는 아이가 더 높은 곳을 향해 나아가기를 바라면서도 지금 그곳에 도달하지 못한다는 사실을 인정하는 것은 마치 산 중턱에서 숨을 고르며 저 멀리 보이는 정상을 바라보는 기분과 같습니다. 그 정상까지 함께 걸어가 주고 싶어도 부모는 아이가 혼자만의 힘으로 등반하는 법을 배우기를 옆에서 기다려야 합니다. 아이의 발걸음이 늦더라도 결국 저 정상에 닿을 수 있으리라는 믿음. 그 믿음이 부모를 아이의 성장을 지켜보게 하고, 결국 부모도 앞으로 나아가게 돕는 힘이 됩니다.

● TIP ●

아이의 미발달 영역을 존중하도록 돕는 부모의 마음속 주문

"조금만 더 하면 될 것 같은데."

→ "꼭 지금 당장 해내야 하는 건 아니야. 아직은 아이에게 시간이 필요한 시기일지도 몰라."

"우리 아이는 할 수 있는데, 내가 지레짐작하고 포기하는 건 아닐까?"

→ "지금 물러서는 게 포기는 아니야. 내가 아이의 미발달 영역을 인정해야 아이의 발달 가능 영역도 커질 수 있어."

"내가 조금만 더 도와주면 되지 않을까?"

→ "아이가 혼자서 해내야만 진짜 성장이야. 나는 그걸 지켜보고, 기다리고, 필요한 만큼만 도와주면 돼."

아이의 근접발달영역과 부모가 제공해야 할 스캐폴딩 파악하기

아래의 그림을 보고 아이의 근접발달영역과 미발달영역을 파악해 봅시다.

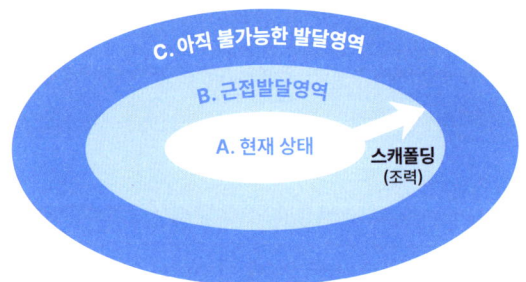

A. 아이가 혼자서도 쉽게 할 수 있는 일을 적어보세요.

....

....

B. 부모가 가이드라인을 조언했을 때, 아이가 혼자서 해낼 수 있는 일은 무엇인가요?

....

....

C. 부모가 대신 해주지 않으면 아직 아이 혼자 하지 못하는 일은 무엇인가요?

아이가 A에서 B까지 성장할 수 있도록 부모가 줄 수 있는 도움은 무엇이 있을지 생각해 봅시다.

06

[사회지능]

어떤 관계에서도
쉽게 상처 받지 않는 능력

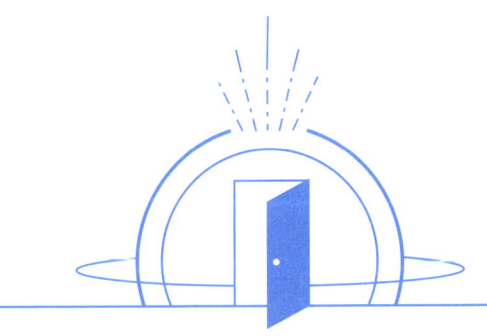

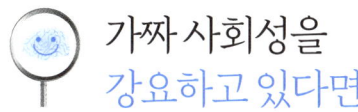
가짜 사회성을 강요하고 있다면

"아이가 내성적이라 친구를 못 사귀는 것 같아요. 저희 아이 사회성을 키울 방법은 없을까요?"

기태는 옆에서 축구를 하는 친구들에게 "나도 끼워줘"라고 말할 용기도 내기 어려워하는 아이였습니다. 같은 조 아이들과 발표를 준비할 때도 '이렇게 하면 더 좋을 것 같은데' 하며 아이디어가 떠올랐지만, 프로젝트가 끝날 때까지 입을 떼지 못했죠. 심지어는 친했던 친구와 작은 오해가 생겼을 때도 미처 설명을 못해 화해할 기회를 놓쳐버리기도 했습니다. 답답한 어머님은 기태의 사회성을 높여달라며 제게 상담을 요청하셨습니다. 그런 어머님께 저는 반대로 이렇게 여쭀있죠.

"어머니께서 생각하시는 사회성 좋은 아이는 어떤 모습인가요?"

대부분의 사람들이 생각하는 '사회성 좋은 사람'의 이미지는 사실 비슷합니다. 첫째, 사교성과 친화력이 높습니다. 그래서 사람들과 쉽게 친해지고 잘 어울리며 짧은 시간 안에 편안한 분위기를 만듭니다. 둘째, 주도성이 높습니다. 그룹에서 중심적인 역할을 맡아 사람들을 이끌고 자신의 의견도 적극적으로 표현합니다. 셋째, 외향적입니다. 다른 사람과 교류하며 시간 보내는 것을 좋아하죠. 혼자 있는 것보다 사람들과 함께 있는 것을 선호합니다.

그런데 사교성과 친화력이 높은 사람을 '사회성' 좋은 사람이라고 말할 수 있을까요? 주도성이 높고 리더 역할을 해야 사회성이 좋은 걸까요?

제가 다수의 상담을 통해 느낀 바로는, 너무 많은 타인과 교류하는 사람은 정작 자신의 속마음을 털어놓지 못하거나 깊은 관계를 쌓기 어려워하는 경우가 많았습니다. 높은 친화력으로 빠르게 친분을 형성하는 것과 지속적으로 관계를 유지하며 신뢰를 쌓아가는 것은 다른 일이니까요. 주도성이 높은 사람이 친구들의 의견이나 감정을 충분히 배려하지 못하면 오히려 독단적인 결정으로 갈등을 초래하기도 합니다. 또 혼자 모든 책임을 짊어지려다가 지나친 책임감을 느껴 스트레스를 받기도 하죠. 외향성도 단지 많은 사람들과의 교류를 선호하는 기질을 나타낼 뿐입니다. 조용하고 차분하던 사람이 알고 보니 높은 외향성을 지니는 경우가 종종 있듯이 외향적인 사람들이 무조건 사교적이고 친화적일 거라는 기대 또한 오해입니다.

즉, 겉으로 보았을 때 사회성 좋아 보이는 모습이 곧 개인의 진정한 감정과 내면의 안정을 반영하는 것은 아니라는 뜻이죠. 인기를 추구하다가 허탈감을 느끼는 경우, 혼자 있는 시간의 외로움을 이겨내지 못해 밝은 척하며 사람들 속에 섞여 있는 경우, 타인에게 집중하느라 자신의 속마음과 감정을 억누르는 경우 등 알고 보면 진정한 사회성이 아닌 '가짜 사회성'을 가면처럼 쓰고 있는 경우를 쉽게 볼 수 있습니다.

부모가 진정한 사회성이 무엇인지에 대해 이해하지 못한 상태에서 가짜 사회성을 아이에게 강요한다면, 아이는 타인과의 관계 속에서 올바른 자아를 가지고 성장하기는커녕 사회에 적응하기를 점점 더 부담스러워하고 두려워하게 될 것입니다.

그렇기에 아이의 사회성을 높이기 위해서는 사교성과 친화력을 높이는 기술을 알려주기보다, 아이의 특성을 파악하고 그 기질에 맞는 관계를 맺는 방법부터 알려줘야 합니다. 아이의 성향과 사회성의 본질을 간과한 채 친구에게 다가가는 법, 친구와 빨리 친해지는 법, 친구와 대화하는 방법, 거절하는 방법 같은 사회적 기술만을 가르친다면, 아이는 타인에게 잘 보이기 위해 사회적 가면을 쓰는 방법만을 익히게 될 수도 있습니다. 그렇다면 아이에게 알려줘야 하는 사회성의 본질부터 알아볼까요?

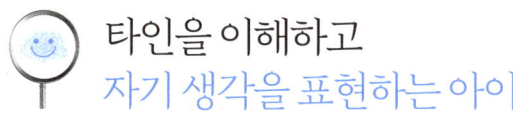
타인을 이해하고
자기 생각을 표현하는 아이

　아이의 진짜 사회성은 관계와 소통을 맺는 태도에서 드러납니다. 그리고 이 태도는 선천적으로 타고나기보다는 훈련을 통해 기르는 '지능'에 가깝습니다.

　관계와 소통을 위한 사회지능의 첫 번째 요소는 타인의 감정과 의도를 이해하는 '**사회적 알아차림**(social awareness)'입니다. 이는 곧 '공감'과 '직관'을 뜻합니다. 심리학자 마틴 호프만(Martin Hoffman)은 신생아들이 다른 아기의 울음소리를 들을 때 함께 우는 행동을 초기 공감 반응(primitive empathic response)이라 설명했는데, 이는 타인의 고통에 대한 구체적인 이유를 알지 못함에도 본능적으로 정서 표현에 민감성을 보이는 공감 형태를 말합니다. 초기 공감 반응을 시작으로 호프만은 공감 발달을 4단계로 설명했습니다.

1단계: 전반응적 공감

초기 공감 반응처럼 정서적 신호에 본능적이고 자동적으로 반응하는 단계

2단계: 자기중심적 공감

어린이가 다른 사람의 고통을 이해하지만, 이를 자신의 관점에서 해석하고 공감하는 단계

3단계: 타인의 감정에 대한 공감

타인이 나와 다를 수 있다는 것을 인식하며 공감을 확장하는 3세 이후의 단계

4단계: 타인의 삶의 조건에 대한 공감

성인이 되는 과정에서 타인의 입장을 인지적으로 이해하며 그 상황에 맞는 도움을 제공하는 단계

영유아기 아이들은 다른 사람이 울면 따라 우는 전반응적 공감

을 보입니다. 막 걸어 다닐 때가 되면 다른 사람이 넘어지는 모습을 보고 '아프겠다'라고 생각하지만 자신이 경험하지 못한 일에는 공감하지 못합니다. 그러다 세 살 무렵엔 자신이 경험하지 못했더라도 다른 사람이 울거나 웃을 때 그 감정에 공감하고, 어른이 되면 다른 사람의 감정뿐만 아니라 그 상황과 문제까지 이해하며 도와주려고 합니다. 쉽게 말해 아이들의 공감은 이유를 알지 못하는 본능적인 단계에서 자기중심적 이해를 거쳐 궁극적으로는 다른 사람의 입장까지 인지하는 수준으로 발달한다는 것입니다.

그렇기에 아이의 발달 과정에 맞춰 사회지능을 위한 교육도 달라져야 합니다. 예를 들어 두 살 아이가 자꾸 다른 아이의 장난감을 빼앗습니다. 이런 아이에게 "친구 장난감을 뺏으면 안 돼"라고 말해도 자기중심적 공감만이 가능한 아동기에는 어리둥절할 뿐이죠. 이때는 "너도 장난감을 빼앗기면 속상하지? 그러니 친구 장난감을 가져오면 안 되는 거야. 친구도 속상했을 거야"라고 설명해야 합니다. 영유아기의 아이에게 다른 사람의 입장을 고려하라는 것은 발달상 가능하지 않은 요구이니까요.

반면 사춘기에 접어든 아이에게는 "네 입장에서는 어떤 마음이었어? 친구의 입장에서는 어떤 마음이었을까? 잠시 생각해 보고 다시 이야기를 나눠볼까?"라는 사회적 알아차림과 공감적 이해에 대한 훈육이 필요합니다.

관계와 소통을 위한 사회지능의 두 번째 요소는 '**사회적 자기표현**(social self-expression)'입니다. 이는 자신의 생각과 감정을 타인과의 관계 속에서 효과적이고 조화롭게 표현하는 능력을 의미합니다. 단순히 자신의 의견을 무작정 주장하는 것이 아니라, 상황에 맞게 의사를 전달하는 능력입니다.

영유아기의 아이들은 "나는 기차놀이 하고 싶어!(욕구 표현)", "나는 이 옷 입을 거야!(의지 표현)", "나는 딸기가 좋아!(감정 표현)" 등의 일방적으로 자신의 주장만을 표현합니다. 그러다 다섯 살 무렵이 되면 놀이를 통해 규칙을 습득하고, 양보를 배우고, 다른 아이의 주장에도 귀를 기울이는 훈련을 하게 되죠.

이 과정에서 필요한 것은 사회적 자기표현을 연습하는 기술입니다. 친구와 화해하는 방법, 울지 않고 말하는 방법, 친구에게 싫다고 말하는 방법 등이죠. 이때 부모는 아이에게 "네 마음과 친구의 마음은 다를 수 있어. 그럴 때는 이렇게 표현해야 해", "네가 그 놀이가 하고 싶은 것처럼 친구도 하고 싶을 수 있어. 함께 놀기 위해서는 친구에게 이렇게 말해서 순서를 정하는 거야"라는 식으로 구체적인 표현법을 알려줘야 합니다.

자신의 감정을 표현하는 교육 또한 아이의 발달 과정에 따라 달라져야 합니다. 청소년기에 진입하는 아이들과는 아이가 스스로 의사를 전달해 보려 노력하고 있다는 존중을 바탕으로 대화해야 합니다. "네가 잘하려고 노력한 것도 이해해. 그렇지만 화를 내기보다 네가 원하는 것을 엄마가 이해할 수 있도록 설명해야 엄마도 너를 위해 고민해 볼 수 있어"처럼 상호 허용되는 사회적 자기표현을 부모가 먼저 보여줘야 합니다.

마지막으로 사회지능의 세 번째 요소는 '**사회적 연결**(social connection)'입니다. 우리 아이들이 자라면서 만나는 사람들은 가족이나 친구에 국한되지 않습니다. 학교에서 새롭게 만나는 친구, 깊고 밀접한 교류를 하는 단짝, 동네에서 우연히 마주치는 이웃까지 다양한 관계 속에서 아이들은 자신만의 위치와 역할을 서서히 찾아가야 합니다. 거기에 더불어 최근에는 온라인 공간에서 불특정 다수와 소통하는 경우도 불가피하기에 사회적 관계에도 다양한 깊이와 기술이 요구됩니다.

사회학자 마크 그래노베터Mark Granovetter는 사회연결망이론을 통해 '약한 유대 관계(strength of weak ties)'에 대해 설명했습니다. 우리는 살면서 가족, 절친한 친구와 같이 깊은 신뢰와 빈번한 상호작용을 갖는 강한 유대 관계도 맺고, 지인이나 동료, 온라인 관계 등 약한 유대 관계도 맺습니다. 이 강한 유대 관계와 약한 유대 관계에서는 각각 요구하는 것이 다릅니다. 상한 유대 관계를 유지하기 위해서는 공감 능력과 정서적 지지, 상호 신뢰가 중요한 반면, 약한 유대 관계를 이어가기 위해서는 정보 교환 능력, 효과적인 의사소통 능력이 필요하죠.

하지만 아이들은 유대 관계가 다양하다는 것과 그 관계가 요구하는 것들이 각각 다르다는 것을 이해하기 어려워합니다. 그래서 온라인에서 만난 사람에게 깊은 정서적 유대감을 가져 지나치게 의존한다든가, 지나가는 사람이 던진 말에 크게 상처를 입기도 하죠. 그렇기에 사회에는 다양한 유대 관계가 있고 관계에 따라 그 깊이가 다르다는 사실을 아이의 성장 발달 시기에 맞춰 알려줘야 합니다.

우리는 일반적으로 '지능'은 타고나는 것이라 여기지만, 사실 사회지능은 훈련을 통해 얻는 후천적인 능력입니다. 많은 부모가 아이들이 어린이집, 유치원, 학교를 다니며 자연스럽게 사회지능이 성장할 것이라고 생각하지만 그렇지 않습니다. 똑같이 어린이집에 다니고, 똑같이 수업을 받아도 기태처럼 자기표현을 하거나 관계 맺는 걸 어려워하는 아이들이 있죠. 이런 아이들의 사회지능을 높여주기 위해서는 단순히 눈앞에 닥친 문제만을 해결하는 데 그치지 않고 반복적인 훈련을 하는 것이 필요합니다.

표면적으로 드러나는 사회적 기술을 늘리기 위해 사회지능의 본질을 잃지 않았으면 합니다. 그럼 진정한 의미의 사회적 '관계'

를 맺고 그 안에서 진실된 '소통'을 해나가며 다른 사람과 조화롭게 지내는 방법을 우리 아이들에게 어떻게 알려줄 수 있을지 차근차근 이야기해 볼까요?

● TIP ●

사회지능 발달에 필요한 세 가지 요소

① **사회적 알아차림**: 타인의 마음도 이해하고 공감할 줄 알아야 해요.

② **사회적 자기표현**: 자신의 감정과 의사를 이야기할 줄 알아야 해요.

③ **사회적 연결**: 관계의 성격에 따라 다른 깊이로 타인과 연결될 줄 알아야 해요.

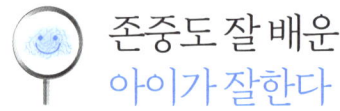
존중도 잘 배운 아이가 잘한다

앞서 말했듯 사회지능은 알아차림을 통한 '관계' 이해와 자기표현을 통한 '소통' 속에서 자라납니다. 그런데 만약 이 알아차림과 자기표현의 초점이 타인에게만 맞춰져 있다면 어떻게 될까요? 자신의 감정과 생각은 무시한 채 타인에게 맞추기 위해 무리하다가 결국 나 자신을 잃게 될 수도 있습니다. 그렇기에 사회지능의 모든 과정에서 가장 중요한 것이 '존중'입니다. 존중이란 상대를 배려하는 것을 넘어, 자신과 타인 둘 모두의 입장을 함께 이해하고 균형을 맞추는 태도입니다. 즉, 사회적 자기표현인 동시에 타인의 입장을 알아차리고 고려하는 균형을 뜻합니다.

그런데 아이들이 이런 존중을 자연스럽게 습득할 수 있을까요?

'사랑받은 사람이 사랑을 줄 줄도 안다'라는 말이 있듯이 존중받고 자란 아이라면 당연히 존중할 줄도 알까요? 존중은 '내가 소중한 것처럼 다른 사람도 소중하며, 내가 존중받고 싶은 만큼 다른 사람도 존중받고 싶어 한다'라는 깨달음에서 시작됩니다. 그렇기에 존중은 감정을 통해 전해지기보다는 반복적인 경험과 가르침을 통해 배워가는 학습적 성격이 강합니다. 부모는 아이가 다양한 사람과의 관계에서 자기 자신과 타인을 존중하는 법을 배울 수 있도록 먼저 스스로를 존중하고 아이를 존중하는 마음을 보여줘야 합니다. 아이를 아직 어리고 미숙하여 모든 것을 가르쳐야 할 대상으로 보기보다, 신뢰하고 기다려주며 스스로 성장해 갈 존재로 바라봐야 합니다.

사실 육아를 하며 아이를 존중한다는 것이 마음처럼 쉽지만은 않죠. 저 또한 오늘부터 아이를 존중해 주자고 굳게 마음먹어도, 정작 일상에서는 존중할 수 있는 순간보다 잘잘못을 따지고 혼내고 싶은 순간이 훨씬 많습니다. 그렇기에 더더욱 존중은 부모로서 아이를 위해 올바른 어른의 자리를 선택하는 태도라 할 수 있습니다.

다음 사례에서 어떤 반응이 아이를 존중하는 적절한 태도라 할 수 있을지 골라볼까요? 초등학교 4학년 수언이의 이미님은 어느 날 아이가 용돈을 받은 적이 없는데 새 학용품을 샀다는 것을 알게 되었습니다. 이 물건들을 어떻게 샀냐고 묻자 수연이는 "사실 엄마 지갑에서 만 원 꺼냈어……"라고 털어놓았습니다. 만일 여러분이라면 수연이에게 가장 먼저 어떤 말을 꺼낼 것 같나요?

① "엄마 지갑에 손을 댔다고? 그거 도둑질이야! 엄마가 너 그렇게 가르쳤어?"라고 화를 낸다.
② "지갑에서 몰래 돈 가져가는 건 절대 안 되는 일이야. 엄마가 얼마나 놀랐는지 알아?"라고 가르치며 감정을 드러낸다.
③ "그거 다시 문구점에 가서 환불해. 그리고 앞으로 다시는 이런 일 없도록 하자"라고 훈육한다.
④ "지갑에 몰래 손을 대는 건 분명 잘못한 일이야. 엄마는 수연이가 왜 그런 선택을 했는지 궁금해."라고 대화를 시도한다.
⑤ "지금은 엄마가 너무 놀랐으니까 우리 잠깐 각자 생각하고 조금 있다 이야기하자"라고 시간을 갖는다.

아마 현실적으로 많은 부모들이 자기도 모르게 ①, ②처럼 놀람, 배신감, 실망감을 먼저 표현할 것입니다. ③처럼 잘못된 행동을 교정하려는 방식도 흔히 나타나는 반응이죠. 하지만 이 세 가지 대응을 취할 때, 아이는 행동의 옳고 그름은 배울 수 있어도 자신의 선택을 스스로 성찰할 기회는 놓치게 됩니다.

④는 아이의 잘못을 분명히 인지시키되, 그 행동 뒤에 숨은 감정과 맥락을 함께 들어주려는 태도를 보이고 있습니다. 이는 진정한 존중에서 비롯된 반응이라 볼 수 있어요. 이야기를 들어주려는 부모의 태도에는 '그래도 아이를 믿고 싶다'라는 메시지가 담겨 있어, 아이 역시 자신의 행동을 비난 없이 되돌아볼 수 있게 합니다. 만일 부모가 당장은 이성적으로 상황에 대응할 수 없을 때는 ⑤처럼 잠시 시간을 갖자는 제안을 건네는 것도 좋아요.

이처럼 존중은 아이를 무조건 받아들이는 게 아니라 아이의 감정을 무시하지 않고 이해하려는 자세입니다. 특히 아이가 실수했을 때 부모가 감정을 앞세우기보다 존중의 태도를 지킨다면, 아이는 그 경험을 통해 "나는 여전히 사랑받고 있으며, 내 감정은 솔직히 나눠도 되는 것이다"라는 가장 중요한 메시지를 얻어요. 이러한 정서적 기반 위에서 훈육이 이루어질 때 아이는 자신의 행동을 스스로 돌아보고 바르게 조정할 수 있습니다.

만약 아이의 감정 표현이나 부정적 행동에 휘말려 부모가 ①, ②처럼 감정적인 태도를 보였다면, 이때는 아이에게 솔직히 실수를 인정해야 합니다. 부모니까 어른이니까 그냥 넘어갈 수 있다 여기면 부모와 자녀는 상호 존중하는 관계를 맺을 수 없어요. "아까는 엄마가 너무 감정적으로 말한 것 같아. 미안해. 너는 그래도 엄마랑 솔직하게 대화해 보려고 했던 건데, 엄마가 화만 내니까 답답했겠다. 우리 다음부터는 서로 감정이 올라올 때 어떻게 하면 좋을지 이야기해 보자" 등 이후에라도 아이를 존중하는 모습을 보여주며 앞으로의 관계를 위한 해결책을 제시해 주세요. 이런 방식으로 존중을 배운 아이는 늘 부모로부터 지지받고 있다는 믿음을 가슴 깊이 지니게 됩니다.

아이의 잘못을 명확하게 훈육해야 하지만 동시에 아이와의 정서적 기반 또한 지켜야 해 고민된다면, 다음과 같은 단계를 거쳐 존중하는 대화를 시도해 주세요.

1. 아이를 무작정 비난하지 않되 행동의 문제는 분명하게 짚어주세요

"수연아, 엄마는 너를 혼내기보다 네 마음을 먼저 알고 싶어. 새 학용품이 갖고 싶었던 것도 이해해. 그런데 말하지 않고 가져간 건 분명 잘못된 행동이야."

2. 아이의 부정적 행동을 대체할 건강한 방법을 제시해 주세요

"앞으로는 갖고 싶은 물건이 있을 때는 엄마한테 말해줬으면 좋겠어. 엄마가 늘 다 사줄 수는 없지만, 적어도 어떻게 할지 너랑 같이 고민해 볼 수 있으니까."

3. 감정에 공감하기 전 아이가 자신의 감정을 돌아볼 수 있도록 유도해 주세요

"혹시 엄마한테 말하기 어려웠던 이유가 있었어? 엄마가 뭐라고 할까 봐 걱정됐을 수도 있겠다."

4. 단순한 징계가 아닌 자기 성찰의 계기로 연결시켜 주세요

"오늘 일은 그냥 혼나고 끝날 문제가 아니야. 수연이가 왜 그런 선택을 했는지 충분히 생각해 보고, 다시는 같은 실수를 하지 않으려면 어떤 마음을 가져야 할지 이야기해 보자."

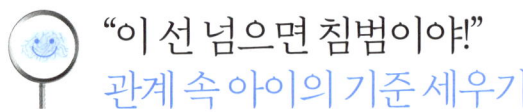
"이 선 넘으면 침범이야!"
관계 속 아이의 기준 세우기

"아이가 친하지 않은 친구들한테까지 본인 것을 다 퍼 줘요. 괴롭힘을 당하는 것 같진 않은데…… 왜 이러는 걸까요?"

여덟 살 주영이의 어머님은 아이가 용돈을 너무 빨리 쓰는 것을 의아해하셨습니다. 자꾸 용돈을 더 달라는 아이에게 전에 준 돈으로는 무엇을 샀냐고 물으니 친구들에게 떡볶이를 사주느라 다 썼다는 대답이 돌아왔죠. 심지어는 매일 함께 다니는 단짝만이 아니라 가끔 인사하는 옆반 친구, 그 친구의 친구한테도 간식을 사주느라 돈이 부족하다고 했습니다. 대체 왜 그랬냐고 물으니 주영이는 "하지만 모두 친구인걸? 엄마가 친구들이랑 사이좋게 지내야 한다고 했잖아"라며 되레 어리둥절한 표정을 지었습니다.

세상에는 수많은 사람이 있고, 아이는 다양한 타인과의 만남을 통해 성장합니다. 이러한 경험은 필수적이지만, 더욱 중요한 건 그 안에서 자신을 잃지 않고 건강한 관계를 유지하는 것입니다. 그렇기에 부모는 아이에게 사회적 관계 속의 기준(standard)과 경계(boundary)를 가르쳐야 합니다.

그러나 슬프게도 어른들 역시 사회적 관계 속에서 자신의 기준과 경계를 명확히 세우지 못하는 경우가 많습니다. 관계 속에서 내가 보호받을 수 있는 영역과 침범당하면 안 되는 영역의 경계는 눈에 보이지 않기 때문입니다. 그 경계가 무너질 때 우리는 모욕감과 굴욕감을 느끼고 상처 받습니다.

관계를 맺을 때 자신의 기준과 경계를 알고 지키는 것은 자기 보호와 관계 형성의 기초가 됩니다. 그러므로 부모가 먼저 이 기준과 경계의 의미를 이해하고 효과적으로 지도해야 합니다.

사회적 관계 안에서 '**기준**'이란 아이의 가치와 정체성을 지키는 내적 원칙입니다. 아이가 자기 생각과 의견을 지키며 타인과 소통할 수 있도록 돕는 것이 기준의 역할이죠. 부모는 아이에게 기준을 세우는 일이 자신을 존중하는 첫걸음이라는 걸 설명해야 합니다. "네가 소중하다고 생각하는 건 지키는 게 중요해"라고 말하며, 기준이란 내면을 보호하기 위한 필수 요소임을 강조할 수 있습니다.

이 과정은 단순히 '해야 할 것'과 '하지 말아야 할 것'을 구분하기보다는, 아이가 자신이 원하는 삶의 방향과 가치를 찾는 과정이 되어야 합니다.

사회적 관계 안에서 '**경계**'는 나의 기준을 타인과의 관계에서 적용하는 일종의 방어선입니다. 경계를 설정하며 아이는 자신의 기준을 지키고 타인과 적절한 거리를 두는 법을 배웁니다. 이때도 부모는 경계가 단순히 '방어적인 태도'가 아니라, 건강한 관계를 이어가기 위한 요소임을 알려줘야 합니다.

예를 들어볼까요? 제가 만난 수아는 한 친구가 농담할 때마다 팔을 때리는 것을 불편해했습니다. 하지만 친구에게는 가벼운 장난일 뿐인데 괜히 말을 꺼냈다가 사이만 멀어질까 봐 망설이고 있었죠. 아이에게 어떻게 조언해야 좋을지 고민하는 수아 어머님께 저는 이렇게 말하기를 추천드렸습니다.

"수아야, 친구에게는 장난일지라도 수아의 기준과 경계에 그 행동이 폭력적이라고 느껴지면 싫다고 말해야 해."

조언을 들은 수아는 친구에게 "나는 멍이 잘 들어서 자꾸 때리면 아파"라고 솔직히 말했고, 친구도 처음엔 당황해했지만 "나도 이런 버릇이 있는 줄 몰랐어"라며 자신의 행동을 주의하게 되었습니다.

이렇듯 경계가 침범당했을 때 아이가 마음에 불편함을 품지 않도록 솔직하게 자신의 기준을 이야기하는 법을 지도해야 합니다. 처음에는 아이들이 경계 설정을 어려워할 수도 있습니다. 무리에서 다르게 행동하는 일에 두려움이 있기 때문이죠. 이때 부모는 "모든 사람이 다르게 생각할 수 있고, 그것은 누구나 존중받아야 해"라고 강조해야 합니다. 경계는 단절을 위한 것이 아니라 건강한 관계를 위한 도구임을 깨달을 때, 아이는 타인과의 적절한 거리두기를 통해 자신을 지킬 수 있습니다.

마지막으로 부모는 아이에게 기준과 경계가 고정된 것이 아니라 성장과 환경에 따라 유연하게 변화한다는 점을 알려줘야 합니다. 친구 관계나 환경이 바뀔 때마다 아이의 기준과 경계도 달라지기 마련이니까요. "네 생각이 변했다면 새로운 기준을 세우는 것도 괜찮아"라는 말로 원칙 조율을 도울 수 있습니다. 이 과정에서 부모는 아이의 감정을 지지하고 경청하는 역할을 해야 합니다.

사회적 관계 속의 기준과 경계는 상대와 어느 정도 깊이의 친분이 있느냐에 따라서도 달라집니다. 가까운 단짝, 같은 반 친구들, 같은 학교에 다니지만 거의 교류가 없는 지인 등 아이들이 겪는 관계 또한 다양한 형태로 깊이가 나뉘죠. 그러니 어린아이의 경우에는 상대마다 다른 관계의 층위를 인식하는 데 아직 미숙합니다.

4~5세 아이들이 처음 보는 어른을 자주 본 이웃이나 친척처럼 대할 때가 있듯이 말이죠. 그렇기에 부모는 아이가 관계의 깊이를 구분할 수 있도록 도와줘야 합니다. 친밀한 관계에서 요구되는 신뢰와 공감, 가벼운 사회적 관계에서 요구되는 예의와 존중의 차이를 이해하도록 해야 하죠.

앞서 소개한 주영이의 케이스 또한 관계의 깊이를 구분하지 못해 생긴 경우였습니다. 이럴 때 아이에게 기준과 경계를 가르치기 위해서는 이렇게 말해줄 수 있습니다.

"친한 친구가 용돈을 다 써서 떡볶이를 사달라고 하면 주영이가 사서 다 함께 맛있게 먹어도 되지만, 평소에는 인사도 안 하는 친구가 떡볶이를 사달라고 하면 거절해도 괜찮아. 이런 일이 자꾸 반복되면 부모님이나 선생님 같은 어른들에게 이야기해야 해."

자신만의 기준과 경계를 형성하도록 그 선을 정확히 짚어줄 때 아이들은 다양한 사회적 관계 속에서 균형을 유지하는 능력을 기를 수 있습니다.

결국, 아이에게 기준과 경계를 가르친다는 것은 세상 속에서 자신을 잃지 않고 살아가도록 돕는 과정입니다. 이 과정을 통해 아이는 다양한 사람들과의 만남 속에서도 자신의 가치관과 행동 방식을 지키며 성장할 수 있습니다. 부모가 기준과 경계를 가르칠 때, 아이는 자신을 보호하고 존중하는 법을 배우며, 세상 속에서 건강한 관계를 형성할 수 있는 독립적인 사람으로 자라게 될 것입니다.

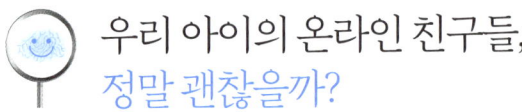
우리 아이의 온라인 친구들, 정말 괜찮을까?

요즘 아이들은 오프라인뿐만 아니라 온라인에서도 많은 관계를 형성합니다. 인스타그램 DM으로 얼굴 한 번 본 적 없는 사람과도 쉽사리 대화하고, X(구 트위터)를 통해 같은 취미를 공유하는 사람들과 어울리기도 하죠.

이렇듯 개방적인 온라인 관계에서야말로 명확한 기준과 경계가 반드시 필요합니다. 아직 관계의 기준을 설정하지 못한 아이들이 온라인 관계와 오프라인 관계를 동일시하면 로맨스 스캠 등의 위험에 노출될 가능성이 커질 수 있습니다. 지금부터는 아이들이 온라인 관계를 접하기 전에 미리 가르쳐야 할 핵심 원칙을 소개하겠습니다.

1. 인간관계에는 깊이의 층이 있다는 것을 알려주세요

오프라인 관계는 시간이 지나면서 신뢰가 쌓이지만, 온라인 관계는 짧은 시간에 쉽게 친밀감을 느끼는 경향이 있습니다. 특정 관심사에 대한 유대감을 형성하며 만들어진 관계이기에 아이들이 '나와 비슷한 생각을 하네?'라며 빠르게 가까움을 느끼죠. 이럴 때 부모는 아이에게 인간관계에는 시간과 깊이가 필요하다는 것을 잘 알려줘야 합니다.

"친밀한 관계는 단지 관심사가 같아서 생기는 것이 아니라, 서로 이해하고 정성을 들이는 과정이 있어야 형성되는 거야."

2. 익명성이 보장되는 온라인에서는 상대가 더 공격적이거나 무례해질 수 있다는 것을 알려주세요

요즘은 자신만의 콘텐츠를 만들어 온라인 활동을 하는 아이들이 많아졌습니다. 하지만 온라인에서는 아이의 미숙함을 부정적인 시선으로 보는 경향이 있습니다. 댓글을 통해 부정적인 피드백을 받으면 아이들은 이를 자신에 대한 평가로 받아들이기도 합니다. 부모는 아이가 온라인에서 상처 받지 않고, 댓글의 요구를 곧이곧대로 받아들여 판단하는 일이 없도록 막아야 합니다.

"이 사람은 너에 대해 잘 모르고 이 게시글 하나로 판단하는 거야. 그런 평가에 너무 상처 입지 마."

3. 나의 자녀도 온라인에서 가해자가 될 수 있음을 인식해 주세요

익명성이라는 특징을 가진 온라인 공간에서는 아이가 상처 받을 수도 있지만, 반대로 내 아이가 가해자가 될 수도 있습니다. 이 사실을 부모가 먼저 인식해야 합니다. 부모는 내 아이가 누군가에게 무심코 상처를 남기기 전에 온라인 관계에서의 책임감을 교육할 필요가 있습니다.

"온라인에서 하는 말도 현실과 다르지 않아. 누군가를 불편하게 하는 행동에는 반드시 책임이 따라."

4. 심리적 친밀감의 위험을 사전에 차단해 주세요

아이들은 온라인에서 속마음을 더 쉽게 털어놓고 감정을 공유하려는 경향이 있습니다. 하지만 그것이 언제나 안전한 것만은 아니라는 점을 강조해야 합니다. 만약 의논하고 싶은 문제가 있거나 상담을 받고 싶다면, 공식적으로 인증된 온라인 상담을 소개해 아이들이 안전하게 속마음을 이야기할 수 있는 방법이 있다는 것을 알려줘야 합니다.

"가끔은 나를 모르는 사람에게 속 시원히 고민을 털어놓고 싶은 마음도 이해해. 하지만 네 마음을 이야기할 수 있는 더 안전한 창구도 많이 있단다."

5. 기준과 경계의 중요성을 알려주세요

온라인에서는 상대가 보이지 않기 때문에 더더욱 기준과 경계를 확실하게 세워야 합니다. 온라인상에서 불편한 말이나 행동을 하는 상대와는 거리를 두거나 대화를 중단할 수 있는 권리가 아이 자신에게 있음을 알려주어야 하죠. 아이가 상황에 맞게 자신을 지킬 수 있도록 지지하는 말을 미리 전해주면 좋습니다.

"네가 불편하다면 그 사람과 거리를 둘 수 있어. 온라인에서는 오직 너에게 스스로를 보호할 권리가 있는 거야."

다양한 관계의 깊이를 알려줄 사회지능 대화법

앞서 이야기했듯 각 성장 발달 시기에 따라 아이들이 맺는 관계의 성격과 깊이 역시 달라집니다. 아이가 자신의 기준과 경계를 지키며 타인과 어울리게 하기 위해서는 관계마다 다른 대처법을 알려줘야 하죠. 아래는 성장 시기별로 바뀌는 아이의 관계 속에서 부모가 기억해야 할 포인트와 조언입니다. 이 내용을 토대로 아이가 적절한 사회적 관계를 맺을 수 있도록 지도해 보세요. 단, 대화를 나눌 때는 '아이가 누구와 친구가 될지 골라야 한다'가 아니라 '이 정도 거리감의 상대에게는 어떤 태도와 마음으로 다가가야 하는지'를 중점으로 둬야 합니다.

① 영유아기(0~5세)

- **관계의 특징:** 어린이집 친구, 같은 아파트 단지에 사는 또래 아이, 부모와 가까운 지인의 자녀 등 일시적이거나 상황 중심의 관계가 대부분입니다.

- **알려주어야 할 핵심 메시지:** 영유아기 아이는 아직 관계의 지속성과 깊이에 대한 개념이 없습니다. 그 탓에 처음 보는 사람에게도 지나치게 친근하게 굴거나, 낯선 사람과 거리 없이 상호작용하려는 경향을 보일 수 있어 주의해야 합니다.

- **아이가 경계와 기준을 세울 수 있게 돕는 부모의 말:**

    "오늘 놀이터에서 만난 친구랑 너무 재미있게 놀았다. 다음에 또 볼 수 있으면 좋겠다."

    "이모가 엄마랑 친한 친구라서 오늘 우리가 같이 만난 거야."

    "그 사람은 가족이 아니니까 손을 잡거나 꼭 안지 않아도 괜찮아."

    "친구가 불편해하면 장난은 멈춰야 해."

    "너는 안아주는 걸 좋아하지만, 어떤 친구는 싫어할 수도 있어."

② 아동기 초반(6~9세)

- **관계의 특징:** 유치원과 초등학교에 입학하면서부터 아이는 점차 다양한 사람을 만나고, 그 안에서 관계의 차이를 느끼기 시작합니다. 단순히 '같이 노는 친구'에서 벗어나 '자주 만나는 친구', '비밀을 나누는 친구', '말이 잘 통하는 친구'처럼 관계의 농도와 성격을 구별해야 하죠. 하지만 아직 그 기준이 명확하지 않아 모든 친구를 똑같이 여기거나 관계의 차이를 인지하지 못해 사소한 갈등에도 크게 상처받기도 합니다.

- **알려주어야 할 핵심 메시지:** 이 시기에는 '친구'라는 말 아래에 여러 종류의 관계가 있다는 것을 자연스럽게 인식시켜주는 것이 중요합니다. 모든 친구가 내 마음을 다 이해해 주거나 배려해 주는 것은 아니라는 점, 서로의 차이를 받아들이는 것이 교우 관계에서 중요하다는 점을 시시히 배워야 할 때입니다. 아이가 감정이 상했을 때는

상대의 말보다 그 친구와의 평소 관계를 되돌아보게 해주는 질문이 큰 도움이 됩니다.

- **아이가 서로 다른 관계의 깊이를 구분하게 하는 부모의 말:**
"친구라고 다 똑같이 친한 건 아니야. 자주 만나서 마음을 나누는 친구가 있고, 시간이 맞을 때만 함께 지내는 친구도 있어."
"친구가 아무 말이나 했다고 너무 속상해하지 말고, 정말 널 생각해주는 친구가 누구인지 먼저 떠올려 봐."
"오늘 같이 놀았던 친구는 어땠어? 네가 싫어하는 행동을 알아채고 멈춰줬던 적 있었어?"
"네가 힘들 때 옆에 있어주는 친구가 있다면, 그건 정말 고마운 관계야."

③ 아동기 후반~청소년기(10~13세 이후)

- **관계의 특징:** 이 시기의 아이들은 점점 독립적인 정체성을 형성하며 또래와의 관계에 더욱 몰입합니다. 말이 잘 통하고 같은 관심사를 나누는 친구를 곧 '절친'으로 여기기 쉬우며, 단기간에 급속도로 가까워진 친구 관계를 실제보다 더 깊고 안정적인 관계로 인식하기도 합니다. 특히 온라인에서 소통하는 친구에게 과한 친밀감을 느끼는 경우도 많아지죠. 하지만 정작 중요한 감정의 교류나 상호 신뢰는 약한 경우가 많기 때문에, 작은 말 한마디나 태도 변화에도 마음이

크게 흔들리고 상처 받는 일이 잦습니다.

- **알려주어야 할 핵심 메시지:** '친해 보이는 것'과 '진짜 가까운 관계'가 다를 수 있다는 점을 알려주는 것이 중요합니다. 모든 친구가 깊은 고민을 나눌 수 있는 대상은 아니며, 연락 빈도나 대화량이 곧 관계의 신뢰도를 의미하지는 않는다는 점을 이해해야 합니다. 관계에서 상처 받았을 때, 그 친구가 어떤 상황에서 어떻게 행동해 왔는지를 되돌아보며, 이 관계가 마음을 나누기에 안전한지를 스스로 점검할 수 있도록 도와주세요.

- **아이가 안전하게 관계를 맺을 수 있도록 돕는 부모의 말:**
"모든 사람이 네 고민을 들어줄 수 있는 친구는 아니야. 말 한마디에 마음이 흔들릴 땐, 그 사람이 너랑 얼마나 가까운지 생각해 봐."
"온라인에서 자주 얘기하고 잘 통하는 것 같아도 정말 네 마음을 이해해 주는 사람인지는 다를 수 있어."
"진짜 친구는 네가 힘들 때 어떻게 반응하는지가 달라. 너라면 네가 정말 좋아하는 친구가 힘들어할 때 어떤 말을 해주고 싶어? 너에게 그런 말을 해주는 친구는 누구야?"
"네 기분이 자주 안 좋아질 때는 그 친구가 너한테 어떤 영향을 주는지 한번 생각해 보는 게 좋아."

PART 4

세상

두려움 없이
미래를
꿈꾸는 아이

내면의 힘과 관계의 울타리가 모두 준비됐다면, 이제 '세상'으로 나아갈 차례입니다. 아이들은 문밖의 세상에서 다양한 감정을 경험하고, 그 경험은 아이들의 마음에 크고 작은 흔적을 남깁니다. 자신의 노력으로는 어찌할 수 없는 세상의 변화 앞에서 무력감에 빠질 때도 있죠. 그럴 때 마음의 힘이 단단하다면 충분히 잘 버틸 수 있습니다.

"넘어져도 괜찮아. 네가 다시 일어날 거라고 믿어."
"변화는 무서운 게 아니야. 조금만 고개를 돌려 바라보면 분명 거기에도 장점이 있어."

아이가 외부에서 받은 상처를 능동적으로 치유하게 할 회복기제와, 균형 잡힌 판단을 할 수 있도록 시야를 확장해 줄 통합적 사고. 이 두 가지 역량을 바탕으로 아이는 격변하는 세상에 적응할 수 있습니다. 아이가 세상에서 조화롭게 살아나갈 힘이 되어줄 이 역량들에 대해 지금부터 알아봅시다.

07

[회복기제]

실패를 긍정적으로
바라보는 능력

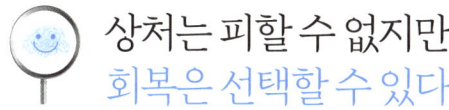
상처는 피할 수 없지만
회복은 선택할 수 있다

"아이가 따돌림을 당한 이후로 자신감도 못 찾고, 재미있는 것도 없어 보여요."

5학년 은정이는 2년 전 학교에서 따돌림을 당했습니다. 그 이후로 모르는 사람이 지나갈 때마다 자신을 비웃거나 험담하고 있을지 모른다는 생각에 괴로워했죠. 복도를 지나던 아이들이 크게 웃으면 '혹시 내 이야기를 했을까?'라는 불안감에 고개를 푹 숙였습니다. 친한 친구도 없고, 학교에 마음을 못 붙이니 성적도 떨어지고, 집에서는 내내 쇼츠만 봤습니다. 갈수록 말수가 적어지는 은정이를 보며 어머님은 아이가 평생 이 상처를 안고 살면 어쩌나 걱정이 깊으셨습니다.

"마스크를 벗은 자기 얼굴이 너무 싫대요."

선우는 살집이 있고 동글동글한 얼굴의 아이였습니다. 그런데 아이들이 선우를 이상한 캐릭터와 비교하며 놀린 이후로 자기 얼굴을 보기 싫어하게 되었죠. 때마침 코로나 전염병이 터지며 마스크를 쓰게 되자 선우는 한결 마음이 편해졌습니다. 코로나가 지나간 뒤에도 선우는 여전히 학교, 학원, 길 어디에서도 마스크를 벗지 못했습니다. 밥 먹을 때 빼고는 마스크를 고집하는 선우를 보며 아버님은 언제까지 이래야 하나 한숨을 지으셨습니다.

어느 날 하은이가 학교에서 작은 화분과 손바닥만 한 투명 그릇을 들고 왔습니다. 화분에는 흙이 담겨 있었고, 투명한 그릇에는 촉촉한 솜 위에 눈에 보이지도 않을 만큼 작은 씨앗이 놓여 있었죠. 아이는 조심스럽게 설명했습니다.

"며칠 동안은 솜에 물을 주고 싹이 트기를 기다려야 해요. 그리고 싹이 나면 그때 씨앗을 흙 속에 옮겨 심어줘야 해요. 지금은 씨앗이 너무 약해서 솜 위에서 더 튼튼해질 때까지 기다려줘야 한대요."

아이는 너무 성급하게 씨앗을 흙에 묻으면 싹이 나지 못하고 그대로 시들어버릴 수도 있다며, 며칠 동안 정성스럽게 씨앗을 솜 위에서 보살폈습니다. 저는 그 모습을 보며 생각했습니다. '우리 마음도 그렇지 않을까?' 작은 씨앗이 솜 위에서 보호받아야 흙 속에서도 강한 뿌리를 내리듯이, 어떤 마음은 세상 앞에 서기 전 따로 꺼내서 정성스럽게 돌봐줄 시간이 필요합니다.

우리에게는 모두 떨쳐낼 수 없는 생각이나 감정이 있기 마련입니다. 인지심리학자들은 생각의 경우 사고와 인지 과정을 거치며 조정될 수 있다고 설명하죠. 하지만 마음은 다릅니다. 생각을 바꾸는 것만으로 해결되지 않는 감정이 있습니다. 어떤 생각은 시간이 지나면 희미해지기도 하고 바뀌기도 하지만, 감정은 쉽게 사라지지 않습니다. 생각은 정보를 통해 수정될 수 있지만, 감정은 아무리 이성적으로 설득해도 쉽게 달라지지 않죠. 그래서 우리는 논리적으로 해결할 수 없는 감정적 고통을 더 힘겹다고 느낍니다.

심리학자 지그문트 프로이트Sigmund Freud는 이러한 감정적 고통과 심리적 갈등이 '무의식' 속에서 작동한다고 보았습니다. 프로이트에 따르면, 인간은 심리적 불안과 갈등으로부터 자신을 보호하기 위해 방어기제(defense mechanism)를 사용합니다. 이는 무의식적으로 작동하는 심리적 전략이며, 여기에는 예술이나 스포츠 등 더 가치 있는 형태로 감정을 승화하는 긍정적인 방식뿐만 아니라 억압, 부정, 회피, 합리화, 퇴행 같은 부정적인 방식도 포함합니다.

프로이트는 우리의 무의식에 어린 시절의 경험과 기억이 깊이 자리 잡고 있으며, 심리적으로 불안정하거나 위협을 느낄 때 무의식 속 기억에 의한 방어기제가 활성화된다고 했습니다. 방어기제는 자신의 감정을 직접 마주하기 어려울 때 일종의 보호막 역할을 합니다. 그러나 부정적인 방어기제에 지나치게 의존하면 현실과의 괴리가 커지고 심리적 적응이 어려워질 수 있습니다.

또한 어린 시절의 경험이 방어기제의 형성에 어떤 영향을 미치고, 개인마다 어떻게 특정한 심리적 자동화 과정을 구축하여 불안한 감정을 처리하는지를 직접적으로 입증하기는 어렵습니다. 예를 들어 동생 은호는 어렸을 때부터 억압적인 환경에서 자라 작은 실수에도 부모에게 혼이 났습니다. 그래서 초등학교에 입학하고도 선생님이 실수한 것에 대해 물어보거나 친구들이 가볍게 놀릴 때, 아무 대답도 하지 못하고 고개만 숙이거나 입을 닫아버렸죠. 한편, 똑같이 억압적인 환경에서 자란 형 진호는 공격적인 반응으로 대응하는 습관을 갖게 되었습니다. 학교에서도 친구들이 놀리면 더 크게 화를 내고 발로 차는 시늉을 해 선생님께 혼이 나기도 했죠. 이처럼 같은 환경에서 자란 아이들도 서로 다른 부정적 방어기제를 가질 수 있고, 그렇기에 이것을 통제하기란 쉽지 않습니다.

그러나 방어기제와 비슷하게, 우리가 아픔을 마주할 때마다 이를 긍정적으로 이겨내고 회복할 수 있도록 돕는 '자동화된 회복 프로세스'가 존재한다면 어떨까요? 변동적인 상황에 상처 입고 두려위하는 아이들을 방어기제만으로 지키기 어렵다면, 이 상황을 긍정적으로 대처해 성장할 의지를 자동적으로 작동시키는 **회복기제**(recovery mechanism)가 필요합니다.

　회복기제는 아이가 자신만의 숨을 찾아가는 과정이라 비유할 수 있습니다. 우리는 매 순간 호흡하지 않으면 살아갈 수 없지만, 평소에 내가 어떻게 숨을 내쉬고 들이마시는지를 생각해 보지는 않죠. 그러나 높은 산등성이를 오르기 위해서는 가쁜 숨을 고르고 가누는 방법을 알아야 합니다. 마음을 회복하고 내 모습을 찾는 회복기제도 이와 마찬가지입니다. 힘겨운 상황 속에서도 평소의 편안한 상태를 되찾기 위해 무의식적이고 자동적으로 숨을 고르는 것, 나만의 쉼을 찾는 과정이라고 볼 수 있습니다.

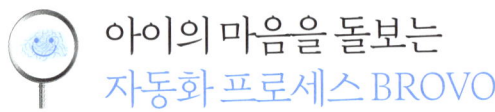
아이의 마음을 돌보는
자동화 프로세스 BROVO

 회복은 한순간의 경험이 아니라 삶의 흐름 속에서 반복해 이루어집니다. 한번 회복했다고 상처 받는 일이 전부 끝나는 것도 아니죠. 우리는 또 숨이 차오를 것이고 또다시 지칠 수도 있습니다. 이때 중요한 것은 회복할 수 있다는 믿음을 갖고, 회복기제의 원리를 습득하는 것입니다.

 회복기제가 자동으로 이루어지는 원리는 바로 '**BRAVO 프로세스**'입니다. BRAVO는 'Breath(숨)', 'Relationship(관계성)', 'Acceptance(수용성)', 'Valuable purpose(가치 있는 목표)', 'Overcoming experience(극복 경험)'이라는 다섯 가지 요소로 구성됩니다. 이 요소를 통해 궁극적으로 BRAVO는 무의식적이고 부정적인 방어기제를 통한 회복이 아닌, 성장하는 회복을 만들어줍니다. 그럼 하나하나 자세히 살펴볼까요?

**나는 너를 응원해!
회복기제 프로세스 BRAVO**

B	Breath	숨
R	Relationship	관계성
A	Acceptance	수용성
V	Valuable purpose	가치 있는 목표
O	Overcoming experience	극복 경험

B는 숨을 다시 내쉬는 힘입니다. 회복의 첫걸음은 숨을 고르며 마음의 상태를 점검하고, 자신이 건강한 상태와 힘들어할 때의 상태 사이의 차이를 살피는 것입니다. R은 관계성, 즉 함께 숨 쉬는 힘입니다. 어떤 관계는 우리를 지치게 만들지만, 어떤 관계는 우리를 숨 쉬게 만듭니다. 회복을 위해서는 아이에게 '이 사람과 함께하면 나는 안전하다'라고 신뢰할 수 있는 관계와 환경을 만들어주는 것이 중요합니다. A는 수용성으로, 내 숨을 있는 그대로 받아들이는 힘입

니다. 숨이 가쁠 때 가장 먼저 해야 하는 건 억지로 참는 것이 아니라 '나는 지금 숨이 차다'라는 사실을 인정하는 것입니다. 아이들은 수용성을 통해 지친 마음을 부정하지 않고 인정하면서 회복으로 나아갈 수 있습니다. V는 가치 있는 목표로, 숨을 이어가게 하는 힘입니다. 숨을 고르고 다시 내쉬는 과정에서 중요한 건 왜 숨을 쉬는지 아는 것이죠. 회복이 단순한 견디기가 아닌 나에게 중요한 것을 향해가는 과정이 될 때, 우리는 더 의미 있는 숨을 내쉴 수 있습니다. 마지막으로 O는 극복 경험입니다. 회복은 원래 상태로의 복귀가 아닙니다. 한번 회복을 경험한 사람은 더 강해지고 더 단단해집니다. 힘든 순간을 극복한 경험이 있는 아이는 숨이 찰 때도 '나는 다시 숨을 고를 수 있어'라는 믿음을 갖습니다. 이 다섯 단계를 통해 회복은 단순히 상처를 덮는 일이 아니라 성장의 한 과정으로 완성됩니다.

누구도 평생 상처 받지 않거나 힘들지 않을 수는 없습니다. 어렸을 때 부모가 모든 문제를 해결해 준 탓에 상처 받은 경험이 적을수록 아이는 회복 또한 경험하지 못하죠. 회복은 힘듦을 직면하고 더 나은 방향으로 성장하며 한 걸음씩 앞으로 나가는 과정입니다. 그 과정에서 우리는 나의 숨을 인식하고, 함께하며, 있는 그대로 받아들이고, 목표를 찾고, 극복해 나가는 BRAVO 자동화 프로세스를 익힐 수 있습니다.

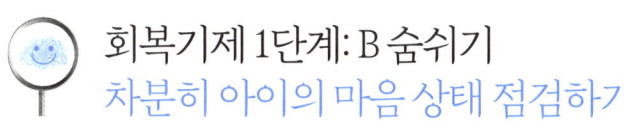
회복기제 1단계: B 숨쉬기
차분히 아이의 마음 상태 점검하기

"아이에게 분명 무슨 일이 있는 것 같은데, 저는 알 길이 없어요."

초등학교 고학년이 된 후 지호는 학교에서 있었던 일을 부모님께 말해주지 않습니다. 학교에서 돌아와도 방에 틀어박혀 있거나 말 한마디 없이 스마트폰만 봤죠. "무슨 일 있었니?"라고 물어도 지호는 "없어요, 괜찮아요"라고 대답할 뿐이었습니다. 겉으로는 아무 문제 없어 보이지만, 어머님은 아이의 눈빛에서 분명 무슨 걱정이 있다는 걸 느끼셨죠. 불안해하는 지호 어머님께 저는 이렇게 물었습니다.

"지호의 마음이 건강했을 때의 상태를 기억하시나요?"

어렸을 때는 아이가 작은 상처나 불편한 감정도 모두 부모에게 와서 털어놓으니 그에 맞는 위로와 조언을 해줄 수 있었습니다. 하지만 아이는 클수록 부모의 곁에서보다 사회 속에서 더 많은 시간을 보내죠. 아이들은 부모가 모르는 친구들, 부모가 알지 못하는 상처, 부모가 이해하지 못하는 스트레스를 경험합니다. 그럴 때 세대 차이로 인해, 입장 차이로 인해, 성격 차이로 인해 아이가 느끼는 어려움과 불안을 부모가 온전히 이해하지 못하기도 합니다.

이때 중요한 건 아이의 마음이 건강할 때의 상태를 기억하는 것입니다. 아침에 일어났을 때 몸이 찌뿌둥하고 목이 따끔거리면 감기에 걸렸을 가능성이 높죠. 반면 상쾌하게 깨어나 머리가 맑고 활기가 솟는다면 컨디션이 좋은 상태일 것입니다. 몸이 좋은 날의 상태를 알고 있어야 좋지 않은 상태를 파악할 수 있듯이, 마음의 컨디션도 마찬가지입니다. 마음이 건강할 때의 특징을 알고 있어야 반대로 불안정하거나 힘들 때를 빠르게 알아차릴 수 있습니다.

하지만 마음의 컨디션을 알아차리기란 쉬운 일이 아닙니다. 특히 아이들이 스스로 자신의 상태를 구분하는 건 무척 어렵습니다. 이럴 때는 아이를 어릴 적부터 지켜봐 온 부모가 관찰력을 발휘해야 합니다. 내 아이의 마음이 건강할 때의 모습과 힘들 때의 모습을 구체적으로 관찰해 리스트를 만들어 보세요. 아이의 현재 상태를 부모가 잘 알아채는 것만으로도 이미 회복기제로 나아가는 첫걸음은 시작했다고 볼 수 있습니다.

● TIP ●

아이의 마음 건강 관찰 리스트

아이의 마음이 건강한 상태일 때

- ☐ 활기차게 일상생활을 한다.
- ☐ 주변 사람과의 관계에서 기쁨과 즐거움을 느낀다.
- ☐ 새로운 활동이나 도전에 긍정적인 태도를 보인다.
- ☐ 자신의 감정을 명확하게 표현하고 타인의 감정을 이해하려고 한다.
- ☐ 학습과 놀이에 집중하며 적절한 만족감을 느낀다.

아이의 마음이 힘겨운 상태일 때

- ☐ 갑작스럽게 흥미를 잃고 활동을 줄이거나 에너지가 없는 무기력한 모습을 보인다.
- ☐ 짜증이나 과민 반응으로 우울한 감정을 나타낸다.
- ☐ 부정적인 말이나 생각을 계속해서 표현한다.
- ☐ 수면 패턴이 변화하거나 식욕이 급격히 증가하거나 감소하는 등 일상의 사이클이 변화한다.
- ☐ 복통, 두통, 구역질 등의 신체 증상으로 심리적인 스트레스가 나타난다.

이외에도 내 아이가 평소에 보인 행동을 떠올리며 구체적인 리스트를 작성해 보세요. '아침에 일어나서 곧바로 세수를 하지 않는다', '집에 다녀와 늘 하던 인사를 하지 않는다' 등 작고 사소한 모습이어도 좋습니다.

회복기제 2단계: R 함께하기
아이의 문제가 아닌 우리의 문제로 바라보기

 힘들고 지쳤을 때 우리에게 다시 일어설 힘을 주는 원천은 무엇일까요? 목표를 향해 나아가는 끈기, 지금까지의 노력을 물거품으로 만들 수 없다는 아쉬움, 결국 이루어내겠다는 간절함 등이 있겠지만, 역시 가장 큰 힘은 나를 믿고 기다려주는 사람들의 지지와 응원일 것입니다.

 아이의 문제로 병원이나 심리센터를 방문하는 가족들에게는 크게 두 가지 접근 방식을 볼 수 있는데요. 첫 번째는 문제의 원인을 아이 개인에게서 찾는 것이고, 두 번째는 가족 내 관계를 중심으로 문제에 접근하는 방식입니다. 정신과 의사 알프레드 아들러 Alfred Adler 는 어린 시절 가족과 부모와의 경험이 성인이 된 이후의 행동에 큰 영향을 미친다고 주장했습니다. 그렇기에 아이에게 나타난 문제는 가족과 함께 접근하고 해결할 때 더욱 효과적이며, 심지어는 가족 전체가 함께 성장하는 기회로 작용하기도 하죠. 이처럼 심리적 문제를 가족 내 체계와 관계 속에서 이해하는 접근법을 가족 치료(family therapy)라고 합니다.

한 가지 예를 볼까요? 제가 만난 초등학교 2학년 지후는 학교에 가기 직전에만 유독 자주 복통을 호소했습니다. 아이가 등교 준비만 하면 배가 아프다며 울음을 터뜨리는데 병원에서는 특별한 이상이 없다고 하니, 지후의 부모님은 걱정스러운 마음에 저희 학습 상담센터를 찾으셨습니다. 두 분은 '지후가 너무 예민하다', '공부 스트레스를 못 견디는 것 같다'라는 점을 가장 염려하신 터라, 초반에는 상담의 초점 또한 아이의 학습 불안을 줄이는 데 있었습니다.

그런데 점차 상담이 진행되며 눈에 띄었던 것은 지후의 가정 분위기였습니다. 일에만 몰두해 있는 아버님, 육아와 가사로 지친 어머님, 그리고 형과의 갈등까지……. 지후는 그 사이에서 집 안의 감정적 긴장을 몸으로 받아내고 있었죠. 특히 부모님 사이에 쌓인 오해와 피로가 아이의 증상으로 드러나고 있었습니다.

저는 지후의 부모님께 지후의 학습 전략이나 불안 조절 방법보다 가족이 함께 변화하는 방향을 제안했습니다. 그렇게 시작한 가족 상담에서 지후의 형은 "지후가 맨날 아프다고 하니까 엄마 아빠가 지후만 챙겨요"라며 감춰왔던 질투심과 소외감을 털어놓았습니다. 형제 관계를 회복하기 위해 동생과의 역할 바꾸기 활동이나 서로의 장점을 말해주는 활동을 진행했습니다. 그 사이 아버님은 두 자녀와 일주일에 한 번 운동장에서 축구를 하거나 산책하며 이야기를 나누는 시간을 가지셨고, 어머님은 모든 문제를 혼자 짊어지려는 태도에서 벗어나 자기 감정을 돌보는 연습을 시작하셨습니다. 지후는 온 가족이 차차 변화하는 것을 느끼며, 불안을 복통이 아니라 말로 표현하는 방법을 익혀가기 시작했습니다.

이렇듯 한 아이의 위기는 가족 전체가 다시 연결되는 기회로 이어지기도 합니다. 그렇기에 부모 역시 자신의 아픔을 인식하는 것이 중요합니다. 부모는 종종 '나는 부모니까 강해져야 해'라는 생각에 감정을 무시하거나 억누르기도 합니다. 하지만 부모가 스스로 감정을 돌보지 않으면 그 아픔은 결국 아이에게도 전달되죠. 부모가 자신의 상처를 인식하고 솔직하게 표현할 때, 아이도 감정을 표현하는 방법을 배우게 됩니다.

가족이 함께 회복의 과정을 밟기 가장 좋은 방법은 새로운 환경에서 새로운 경험을 해보는 것입니다. 긍정심리학자인 마틴 셀리그만Martin Seligman은 의도적인 환경 변화와 그 환경에서 겪은 좋은 경험이 긍정적 정서를 느끼게 하고 심리적 안정을 유지하도록 돕는다고 주장했습니다. 때로는 스트레스가 가득한 일상에서 벗어나 산이나 바다 같은 자연 속에서 시간을 보내거나, 아이와 함께 낚시나 등산을 즐기는 등 새로운 활동을 하면서 숨을 고르는 시간을 가져보세요. 이는 아이의 회복을 도울 뿐 아니라 가족 간의 관계를 더욱 돈독하게 만들어줄 것입니다.

함께하는 회복 방법

① 가족이 각자 좋아하는 관심사를 공유해 함께 하나씩 활동해 보기

② 자연 속에서 자유롭고 활기차게 움직이기

③ 의미 있는 모임에 가족이 함께 참여하기

④ 아이와 각자의 시간을 가진 뒤 서로 무엇을 했는지 공유하기

⑤ 함께 새로운 요리에 도전하기

⑥ 서로에게 감사의 마음을 담아 감사 일기를 작성하기

⑦ 같이 즐길 수 있는 운동을 찾아 함께하기

⑧ 봉사 활동에 참여하며 의미를 나누기

⑩ 예술, 창작, 발명 등 창의적인 활동 함께하기

⑩ 가족만의 특별한 날을 만들어 행사를 계획하고 즐기기

이처럼 가족과 함께 만들어가는 문화는 단순히 스트레스를 해소하는 것을 넘어 관계를 회복하고 성장하는 계기가 됩니다. '함께'라는 힘은 회복을 가능하게 하고, 때로는 더 큰 성장을 만들어냅니다. 부모와 아이가 서로의 아픔을 인식하고, 그것을 공유하며 함께 극복해 나가는 과정은 더 깊은 유대와 신뢰를 형성하죠. 우리는 서로를 돌보고 지지하는 관계를 통해 더 강해지고 더 유연해질 수 있습니다.

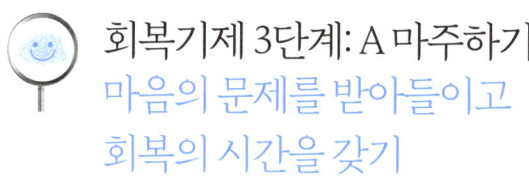

회복기제 3단계: A 마주하기
마음의 문제를 받아들이고 회복의 시간을 갖기

부모라면 누구든 아이의 마음속에서 무슨 일이 일어나고 있는지 이해하려 애씁니다. 아이가 감정적으로 어려워할 때, 그 힘든 마음을 빨리 해결해 주고 싶어 하죠. 하지만 마음은 위로 한마디로 가라앉지 않습니다. 마음이 회복되는 데는 시간이 필요합니다. '회복기제 프로세스 BRAVO' 중 3단계인 수용성을 위해서는 아이의 마음이 스스로 회복할 시간을 주는 것과 감정을 적절히 다루는 방법을 가르치는 것이 중요합니다.

1. 아이 혼자 힘들어할 시간을 주세요

운동장 저 끝에서부터 달려온 하은이가 숨차게 말했습니다.

"엄마, 나 지금 엄청 빨리 달렸어. 그래서 가슴이 빨리 뛰거든. 여기 만져봐."

작은 손길을 따라 손을 얹어보니 하은이의 가슴 아래서 빠르게 뛰는 심장박동이 느껴졌습니다. 저는 아이에게 시원한 물을 주고 잠시 숨 고를 시간을 주었죠. 얼마 뒤 하은이는 다시 말했습니다.

"엄마, 가만히 앉아 있으니까 이제 진정됐나 봐. 다시 만져봐."

"그러네? 이제 진정이 되었나 봐. 아까처럼 가슴이 빠르게 뛰지 않네?"

"응, 조금만 기다리니까 숨도 안 차네? 그런데 엄마, 마음은 좀 달라. 가끔 마음이 엄청 빨리 뛸 때가 있는데, 그때는 진정하려면 시간이 오래 걸려. 그리고 마음을 빨리 진정시키려고 하면 오히려 더 힘들어져. 막 짜증이 나거나 화가 날 때도 있어."

그 말에 저도 아차 싶은 기분이 들었습니다. 하은이는 그저 마음이 진정되기를 기다리며 숨을 고르고 있었을 뿐인데, 옆에서 늘 "빨리 진정해"라고 요구한 건 아닐까 싶었죠. 마음이 가라앉는 데는 시간이 필요하다는 아이의 말은 저에게도 중요한 깨달음을 주었습니다.

아이에게 회복기제를 가르치는 일은 단순히 고된 하루를 보낸 뒤 쉬어야 한다는 개념을 넘어섭니다. 회복은 그저 쉼의 시간이 아니라, 우리가 자신의 상태를 인정하고 받아들이는 첫걸음이기 때문입니다. "나 지금 너무 힘들다"라는 고백과 "이제 더는 못할 것 같아"라는 포기는 나약함을 드러내는 것이 아닙니다. 오히려 진정한 힘을 키우는 과정이죠. 그렇기에 아이가 힘들어하는 모습을 지켜보기 힘들어도 그 시간을 충분히 가지도록 해야 합니다. 바로 이때가 앞서 여러 번 이야기했던 내 아이가 극복할 수 있을 거라는 신뢰를 보여줄 순간이기도 합니다.

2. 감정을 다룰 땐 감정과 잠시 거리를 둬야 해요

많은 육아 책에서 "아이의 행동과 감정에 먼저 공감하라"라고 조언합니다. 아이가 힘들어할 때 부모가 그 고통을 함께 느끼고 이해해 주는 것은 물론 중요하죠. 하지만 아이의 감정에 공감하다가 부모와 아이 모두 힘겨워지는 상황을 부모라면 한 번쯤 겪어보았을 것입니다.

아이들은 감정을 잘 조절하지 못합니다. 그래서 짜증을 부리고 화를 내거나 떼를 쓰고 울면서 감정을 표출하죠. 이때 아이가 느끼는 감정의 무게를 부모가 그대로 짊어지면 부모의 감정까지 소진되고 맙니다. 더군다나 사춘기 아이들은 부모의 공감을 거부하고 지나친 공감과 개입을 불편하게 느낍니다. 이때는 아이와의 거리를 조절하며 아이가 필요한 순간에만 도움을 요청할 수 있도록 신호를 보내는 것이 중요합니다. 아이가 감정을 처리하고 회복하는 방법을 배우기 위해서는 아이 스스로 자신의 마음을 탐구하고 다룰 수 있도록 도와야 합니다. 거리 두기가 필요할 때 부모가 지나치게 공감해 주는 것은 오히려 독이 될 수 있습니다.

아이가 감정을 처리하는 것을 돕고 싶을 때는 조건 없는 공감보다 아래의 방법들을 하나씩 실행해 보기를 추천합니다.

① 감정 분류하기
아이가 느끼는 감정을 '도움이 되는 감정'과 '지금은 도움이 안 되는 감정'으로 구분하도록 도와주세요.

② 감정에 이름 붙이기
아이가 감정을 정확히 인식하고 이름을 붙이게 도와주세요.

③ 불안한 감정 이해하기
아이에게 불안을 느끼는 이유를 탐색하는 방법과 과장된 감정을 다루는 방법을 알려주세요.

④ 감정을 내려놓는 연습
아이가 필요 없는 감정을 내려놓고 마음의 균형을 찾을 수 있도록 연습시켜 주세요.

⑤ 변화의 긍정적인 면 찾기
아이가 스스로의 변화에서 긍정적인 점을 발견하고 이에 적응할 수 있도록 도와주세요.

실제 상담 사례를 통해 위의 다섯 가지 방법을 구체적으로 살펴볼까요? 아직 회복기제를 터득하지 못한 유빈이는 화가 날 때마다 그 감정을 처리하지 못해 어쩔 줄 몰라 했습니다. 학교에서 친구가 자신의 펜을 실수로 부러뜨렸을 때도 유빈이는 분노를 참지 못해 집에 와서까지 씩씩거렸죠. 이때 유빈이 어머님은 상담에서 얻은 제안에 따라 아래 방법으로 감정 거리두기 연습을 시켰습니다.

❶ 감정 분류하기

"친구가 일부러 펜을 떨어뜨린 게 아니라면 계속 그 생각에 빠져 있는 게 더 속상한 일 아닐까?"라며, 지금 유빈이의 입장에서 도움이 되는 감정과 그렇지 않은 감정을 구분하도록 도왔습니다.

❷ 감정에 이름 붙이기

친구가 펜을 떨어뜨려서 '화'가 난 건지 혹은 다른 이유가 겹쳤던 것은 아닌지 감정을 정확하게 인식하도록 재차 물었어요.

❸ 불안한 감정 이해하기

이 과정을 통해 유빈이는 자신에게 물건에 대한 집착이 있다는 것을 깨달았습니다.

❹ 감정을 내려놓는 연습

어머니는 그런 유빈이에게 "친구가 또 펜을 빌려달라고 하면 조심해서 써달라고 부탁해도 돼. 정 마음이 불편하면 친구의 부탁을 거절해도 괜찮아"라고 불안을 다스릴 방법을 일러주었어요.

⑤ 변화의 긍정적인 면 찾기

이 일을 겪은 후 유빈이는 소유에 대한 집착을 조절하기 위해 가진 물건의 개수를 줄이는 등 새로운 변화를 시도할 수 있었습니다.

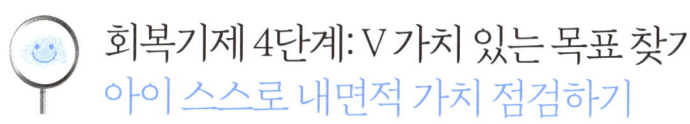

회복기제 4단계: V 가치 있는 목표 찾기
아이 스스로 내면적 가치 점검하기

    선택의 기로에 섰을 때 어떤 사람은 돈을 더 많이 버는 쪽을 선택합니다. 반면 어떤 사람은 관계를 중시하기도 하고, 또 어떤 사람은 세상에 긍정적인 변화를 남기는 방향을 선택하기도 합니다. 이렇듯 우리가 무엇에 더 큰 가치를 두는가에 따라 살면서 내리는 선택의 방향도 달라지기 마련입니다.

    이는 자라나는 아이들 또한 마찬가지입니다. 특히 자아를 형성하는 중인 아이들은 하나하나 선택을 내릴 때마다 자신이 어디에 가치를 두는 사람인지를 알아나가죠. 자신이 소중하게 여기는 가치가 무엇인지, 그 가치를 향해 나아가고 있는지를 점검하는 일은 삶의 의미를 찾고 회복의 힘을 얻는 데 중요한 역할을 합니다.

1. 내적 가치를 점검하는 시간을 가져보세요

외적으로 추구하는 목표와 내적으로 추구하는 가치는 서로 다를 수 있습니다. 예를 들어 교육이 부족한 지역의 아이들에게 양질의 교육을 제공하고자 '돈'을 벌려고 한다면, 이 사람의 외적인 목표는 돈으로 보여도 내적 가치는 '함께 돕고 사는 삶'일 것입니다.

하지만 목표를 향해 열심히 달리다 보면 우리가 처음 이 일을 시작한 궁극적인 가치가 무엇이었는지 종종 잊을 때가 있습니다. 앞서 말한 사람도 '함께 돕고 사는 삶'을 위해 열심히 돈을 벌기 시작했지만, 그 과정에서 지치고 힘들어 오로지 '돈을 벌어야 한다'는 목표에만 치중할 수 있죠. 이 때문에 아이들 또한 외부 환경에 의해 상처를 입었을 때는 잠시 멈춰서 자신이 추구하는 내적 가치를 점검하는 시간이 필요합니다.

2. 가치 있는 목표가 주는 방향성과 힘을 찾아 주세요

이렇게 점검하여 찾은 가치 있는 목표는 아이에게 어떤 상황에서도 꿋꿋하게 나아갈 방향을 알려줍니다. 삶에서 가치 있는 목표가 있으면 더 큰 의미를 발견하고, 그것을 위해 도전하고 노력할 에너지를 얻을 수 있습니다.

아이가 공부해야 하는 이유를 '부모가 하라고 해서'가 아니라 '내가 좋아하는 과목을 더 잘하고 싶어서'로 잡았을 때, 그 공부는 자신의 성장을 위한 과정으로 의미가 달라집니다. 부모는 아이가 자신의 가치 기준을 발견하고 그것을 목표로 삼아 나아갈 수 있도록 도와야 합니다. 이를 위해서는 아이가 설정한 목표가 외부적인 보상이 아니라 내면에서 비롯된 가치와 연결되도록 대화를 나눠야 합니다.

3. 관계를 통해 가치 있는 목표를 확장시켜 주세요

가치 있는 목표는 관계를 통해 더 크게 확장될 수 있습니다. 가족이 다 함께 '우리 가족만의 가치를 공유하는 시간'을 가져보는 건 어떨까요? 아이와 함께 지금 자신이 하고 있는 일의 목표와 그를 위해 성취하고 싶은 가치, 우리 가족이 함께 나아가고 싶은 방향을 적어 보세요. 이 시간을 통해 아이는 추구하고 있던 목표에 대한 다른 의견을 얻어 시야를 더 확장할 수 있습니다. 그뿐만 아니라 가족 관계 또한 더 단단해질 수 있죠.

4. 의미 있는 관계적 소속감을 가지게 해주세요

가족 외에도 나와 같은 가치를 좇는 사람들 속에서 의미 있는 소속감을 느껴보는 경험도 좋습니다. 이런 관계는 동일한 가치를 추구한다는 공통점을 지녔기에 단순히 같은 집단에 속하는 것을 넘어 존중과 신뢰를 전제로 서로를 지지합니다. 이 때문에 그 관계 안에서 아이는 때로 다치고 무너져도 혼자가 아니라는 안정감을 얻을 수 있습니다. 이러한 안정감은 앞서 점검한 가치 있는 목표를 다시 실현하고 상처를 회복할 동력이 됩니다.

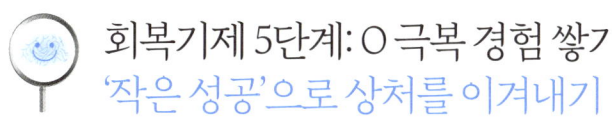

회복기제 5단계: O 극복 경험 쌓기
'작은 성공'으로 상처를 이겨내기

    회복이란 원래의 상태로 되돌아가는 것만을 의미하진 않습니다. 힘든 상황을 극복해 낸 과정을 통해 전보다 더 강하고 단단해지는 것을 의미하죠. 그렇기에 아이가 회복하고 성장하기 위해서는 어려움을 극복하는 경험이 필수입니다.

    부모는 아이가 힘든 상황에 부닥치면 그 힘듦을 대신 해결해 주고 싶다는 욕구를 느낍니다. 하지만 앞서 여러 번 이야기했듯 아이의 어려움을 대신 해결하는 건 아이가 성장할 기회를 빼앗는 것과 마찬가지입니다. 그렇다면 아이가 힘듦을 극복하는 동안 부모는 무엇을 해줄 수 있을까요?

1. 도움을 주되 대신해 주지 않습니다

부모의 역할은 아이가 스스로 극복할 수 있는 환경을 만들어주는 것입니다. 아이가 숙제를 어려워하면 답을 알려주는 대신 "어떤 부분이 어렵니?"라고 물으며 생각하는 과정을 격려하고 방향을 잡아줘야 합니다. 아이가 스스로 문제를 해결했을 때 그 경험은 더 큰 성취감으로 이어집니다.

2. 작은 성공 경험을 축적해 주세요

극복 경험은 반드시 큰 문제를 해결해야만 얻어지는 게 아닙니다. 일상 속 작은 성공 경험 또한 아이에게 자신감을 주죠. 아이가 성공 경험을 쌓을 수 있도록 아이의 나이와 수준에 맞게 과제를 주어야 합니다. 새로운 운동 배우기, 엄마 없이 혼자 심부름 다녀오기 등 작은 성공들이 모여 아이의 극복 경험이 됩니다.

3. 실패를 받아들이는 태도를 보여주세요

부모가 실패에 대해 열려 있는 태도를 보여주면 아이 또한 긍정적인 영향을 받습니다. "실패는 새로운 시도를 위한 과정이야"라는 태도를 부모가 직접 보여줘야 해요. 아이는 실패를 두려워하지 않는 부모를 보며 도전할 용기를 얻습니다.

4. 아이의 노력을 칭찬하고 인정해 주세요

아이의 노력과 극복 과정을 칭찬하고 인정해 주는 것은 매우 중요합니다. 아이가 어떤 결과를 가져오든 그 문제를 해결하려고 노력한 결과를 격려해 주세요. 그러면 아이는 자신의 노력을 긍정적으로 인식하며 더 큰 도전에 나설 수 있습니다.

소아 불안을 겪었던 하은이에게도 실패하고 상처 받은 날들이 수없이 많았습니다. 낯선 사람과 새로운 상황을 무척 두려워했던 하은이는 편의점에서 좋아하는 간식을 사는 일조차 힘겨워했습니다. 계산대에서 "봉투 필요하세요?", "결제는 어떻게 하시겠어요?"와 같은 질문에 대답하는 것조차 하은이에게는 큰 과제였죠. 이를 차근차근 극복하기 위해 저는 제가 실제로 계산하는 모습을 아이 앞에서 여러 번 보여주었습니다. 그리고 "너도 할 수 있어"라는 메시지를 꾸준히 전해주었습니다. 아이가 작은 성공 경험을 축적할 수 있도록 격려한 것이죠.

얼마 뒤 하은이는 드디어 스스로 편의점에서 간식을 사보겠다고 나섰습니다. 하지만 당차게 다짐했던 마음과는 달리 편의점에 들어서지도 못한 채 돌아와 엉엉 울었죠. 저는 "괜찮아, 지금 성공하지 않아도 돼. 네 속도대로 하면 돼"라며 아이를 안아주었습니다. 그렇게 하은이의 도전 자체를 칭찬하고 인정하면서, 실패를 받아들이는 과정을 천천히 거쳤습니다.

첫 시도 이후 2주가 지난 날, 하은이는 조심스럽게 말했습니다.

"엄마, 나 오늘 한번 다시 해볼래."

저는 밖에서 기다릴 테니 걱정되면 언제든 나오라고 당부하고서 아이를 보냈습니다. 잠시 후 하은이는 환한 미소와 함께 원하는 간식을 손에 들고 편의점 문을 열었습니다. 돌아온 아이는 자신이 얼마나 용감하게 종업원에게 대답하고 계산까지 마쳤는지를 마치 영웅담 들려주듯 이야기했죠. 누군가에게는 고작 간식 하나 사는 일처럼 보일 수 있었겠지만, 저와 하은이는 분명히 알고 있었습니다. 우리 아이가 '작은 성공'을 통해 큰 두려움 하나를 넘어섰다는 사실을요.

부모는 아이에게 일종의 가이드 역할을 해야 합니다. 패키지여행을 갈 때 가이드는 우리의 경험을 대신해 주지 않습니다. 길을 안내하고, 방향을 가르쳐주고, 현지에서 우리가 해결할 수 없는 문제가 생겼을 때만 도와줄 뿐이죠.

부모도 마찬가지입니다. 부모가 아이의 경험을 대신해 줄 순 없습니다. 아이가 스스로 경험을 쌓고 시야를 넓히고 성장할 수 있도록 해야 합니다. 그 과정에서 부모가 할 수 있는 것은 아이의 노력과 변화를 관찰하고 따뜻하게 지지해 주는 일이 전부입니다. 이를 통해 아이는 더 강하고 유연한 마음의 힘을 기를 수 있습니다. 그리고 끝내 실패를 무서워하지 않는 높은 적응지능을 가진 사람으로 성장하게 될 것입니다.

• TIP •

아이가 극복 경험을 통해 얻을 수 있는 세 가지 힘

① 자신감

시험 준비가 어렵다고 느끼던 아이가 스스로 계획을 세우고 노력해 목표를 이룬다면, 그 경험에서 아이는 성취감을 넘어 '나는 어려운 상황도 극복할 수 있는 사람'이라는 자신감을 느껴요.

② 문제 해결 능력

어려운 수학 문제를 스스로 해결했을 때, 친구와의 오해를 대화로 풀어냈을 때, 걱정하던 발표를 잘 해냈을 때, 아이는 문제를 분석하고 해결하는 방법을 터득합니다. 이런 경험은 이후 더 큰 도전과 문제를 마주할 때 적용할 수 있는 귀중한 자산이 돼요.

③ 회복탄력성

회복탄력성은 어려운 상황에서도 금방 털고 다시 일어나는 힘입니다. 아이는 다양한 아픔과 극복을 겪을수록 더 큰 회복탄력성을 가져요. '나는 이 어려움을 이겨냈으니 다음 고비도 잘 해결할 수 있어'라는 믿음은 아이가 삶의 다양한 도전을 마주할 때 굳건한 버팀목이 됩니다.

부모와 아이가 함께 숨을 고르는 BRAVO 연습

: 부모의 BRAVO 실천법 :

아래의 질문을 통해 부모가 먼저 자신의 회복력을 점검하고, 아이를 돕기 위한 준비를 할 수 있습니다.

① B: 숨 고르기
- 최근 마음이 힘들었을 때 나의 감정은 어땠나요?
- 내 마음을 편하게 만드는 방법을 알고 있나요?

② R: 관계 살피기
- 내게 힘이 되어주는 사람은 누구인가요?
- 아이가 힘들어할 때 말없이 함께 있어준 적이 있나요?
- 최근에 아이와 마음을 나눈 순간은 언제인가요?

③ A: 수용성 살피기
- 자신에게 "괜찮아. 이건 내 잘못이 아니야"라고 말해준 적이 있나요?
- 힘든 마음을 즉시 해결하려고 하지는 않았나요?

④ V: 가치 있는 목표 찾기
- 나를 지탱해 주는 가장 중요한 가치는 무엇인가요?

- 자녀에게 의미 있는 목표를 어떻게 심어줄 수 있을까요?
- 지금 해야 하는 일이 아니라 하고 싶은 일을 할 수 있다면, 어떤 일이 먼저 떠오르나요?

⑤ O: 극복 경험 쌓기
- 살면서 힘들었지만 이겨낸 경험을 구체적으로 떠올려 보세요. 그때 나를 버티게 한 힘은 무엇이었나요?
- 아이가 어려운 순간을 겪을 때, 내가 해줄 수 있는 가장 좋은 응원은 무엇일까요?

: 아이의 BRAVO 실천법 :

아이가 스스로 자신의 감정을 인식하고 회복을 연습할 수 있도록, 아래 질문과 미션을 건네주세요.

① B: 숨 고르기
- 최근에 용기를 냈던 일을 떠올려 볼까?
- 힘을 내기 어려울 때, 나를 응원해 줄 사람은 누구일까?
- 다음번에 나는 어떤 작은 도전을 해보고 싶을까?
- **Mission!** 용기를 내야 하는 순간이 오면 '숨을 먼저 크게 들이쉬고 내쉴 거야!'라고 생각하며 실천해 보기

② R: 관계 살피기
- 내가 내 마음을 가장 편하게 이야기할 수 있는 사람은 누구지?
- 오늘 하루 동안 내가 고마웠던 사람은 누구였을까?
- 힘들어하는 사람에게 나는 어떤 말을 해주고 싶을까?
- **Mission!** 오늘 하루 친구 한 명의 이야기를 조용히 끝까지 들어주기

③ A: 수용성 살피기
- 나는 언제 슬프거나 속상해질까?
- 그럴 때 내 감정을 어떻게 표현하면 좋을까?
- **Mission!** 오늘 하루 내 감정을 솔직하게 적어보고 "지금의 감정을 그대로 받아들여도 괜찮아"라고 말해보기

④ V: 가치 있는 목표 찾기
- 내가 가장 좋아하는 것은 무엇일까?
- 내가 앞으로 잘하고 싶은 것은 무엇일까?
- 그걸 하면서 내가 가장 기쁠 때는 언제일까?
- **Mission!** 내가 좋아하는 것을 작은 목표로 만들고 부모님과 이야기 나누기

⑤ O: 극복 경험 쌓기
- 내가 어려운 순간을 이겨낸 때를 떠올려볼까?
- 그때 어떤 기분이었고 어떻게 해결했을까?
- 다음에 비슷한 어려움이 오면 어떻게 해볼 수 있을까?
- **Mission!** 어려움을 극복한 순간을 그림으로 그려보거나 부모님께 이야기 해 보기

08

[통합적 사고]

변화를 두려워하기보다
즐기는 능력

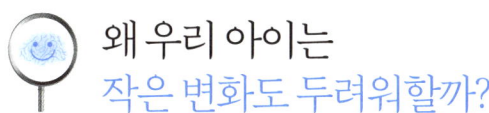
왜 우리 아이는 작은 변화도 두려워할까?

"저희 아이는 장난감도 매번 같은 것만 갖고 놀아요. 새로운 일을 너무 힘들어해요."

은진이 어머님은 예민한 은진이의 유치원 생활을 걱정하셨습니다. 실제로 은진이는 낯선 환경에 대한 거부감이 큰 아이였습니다. 유치원에 처음 가던 날에도 엄마 손을 꼭 잡고 떨어지지 않았죠. 이후로도 유치원에서 자리가 바뀌거나 새로운 활동을 시작하면 은진이 혼자 유독 적응하는 데 시간이 걸렸습니다. 몇 년 뒤면 학교에 들어가 매일 새로운 상황에 적응해야 할 텐데, 은진이가 힘들어하진 않을지 어머님은 걱정이 이만저만이 아니셨습니다.

"아이가 전학 간 학교를 싫어해요. 시간이 지나면 괜찮아질 줄 알았는데, 그것도 아닌 것 같아요."

세연이 어머님은 세연이의 전학 첫날을 선명히 기억하셨습니다. 먼 지역에서 이사 온 세연이는 새 학기를 낯선 학교에서 시작하게 되었죠. 등교한 첫날 세연이는 손에 땀이 흥건하게 날 정도로 긴장했고, 집에 돌아와서는 "학교가 너무 싫어. 친구도 없고 선생님도 무서워"라며 울먹였습니다. 어머님은 조금만 지나면 친구도 생기고 괜찮아질 거라고 아이를 달랬지만, 몇 개월이 지난 후에도 여전히 세연이는 적응을 힘들어했습니다.

"시험을 한 번 망친 뒤부터 아예 문제를 못 풀겠다고 해요. 공부를 못하는 애도 아니었는데, 왜 이러는 걸까요?"

정민이가 중학교 첫 시험을 망친 뒤로 아버님은 자기까지 불안해서 죽겠다며 속마음을 털어놓으셨습니다. 정민이는 소극적이고 예민한 성격을 가졌지만, 나름 중학교 생활에 잘 적응하고 학습 진도도 잘 따라가는 학생이었습니다. 그런데 한 번 시험을 완전히 망치자 펑펑 울고 힘들어하더니, 다음 과목들도 전부 풀지 못했습니다. 시험지를 받자마자 머릿속이 온통 하얘져서 문제를 읽어도 아무 생각이 나지 않았다고 합니다. 아버님이 곁에서 "괜찮아, 다음에 잘하면 돼"라고 말해도 정민이의 긴장과 불안은 좀처럼 사라지지 않았습니다.

변화란 새로운 환경, 새로운 사람, 혹은 일상에서 벗어나는 새로운 경험을 의미합니다. 그리고 모든 아이가 이러한 변화를 반기지는 않습니다. 은진이와 세연이는 새로운 환경이나 규칙에 두려움을 느끼고, 정민이는 예기치 못한 상황에 긴장감을 느끼는 아이였죠. 이 아이들은 익숙한 상황에서 벗어나는 것을 불편하게 여기고, 변화를 무척 불안해했습니다. 예를 들어 학교에서 자리 배치가 바뀌거나 새 학년이 시작되면 긴장감 때문에 머뭇거리거나 불안한 모습을 보였습니다. 변화에 대한 두려움은 학습에도 영향을 미칩니다. 새로운 교재나 과제를 받으면 주저하거나 시도하지 않으려는 모습을 보일 수 있죠. 이런 아이들은 새로운 경험보다는 익숙한 활동을 반복하는 것을 선호하며, 변화를 받아들이는 데 있어 상당한 인내와 시간을 필요로 합니다.

또한 변화에 불안을 느끼는 아이들은 안정감과 예측 가능성을 중시하는 경향이 있습니다. 일상의 작은 변화에도 신경을 곤두세우며, 상황이 예상과 다르게 흘러가면 적응하는 데 오랜 시간을 씁니다. 그래서 환경이나 규칙에 강한 통제 욕구를 가지죠. 예를 들어 부모나 선생님이 일정에 변동을 주거나 친구가 갑자기 약속을 취소하면 크게 당황하고 쉽게 실망감을 느낍니다. 이런 아이들은 일정한 패턴을 따라 움직이는 것이 중요하며, 그 흐름을 방해받으면 더 크게 불안해하죠. 그 때문에 많은 것을 시도해야 하는 아동기와 청소년기에 경험을 해나가는 자체가 쉽지 않습니다.

하지만 문제를 바라보는 관점을 조금만 바꾸면, 이 아이들에게도 변화가 두려운 것이 아닌 성장의 기회라는 것을 가르쳐줄 수 있습니다. 그리고 바로 여기에서 '통합적 사고'의 필요성이 강조됩니다. 통합적 사고란 문제를 다각도로 관찰하고 다양한 관점을 조화롭게 연결해 해결책을 찾는 사고방식입니다. 이 역량을 통해 아이는 외부 환경 변화에 적응하는 힘을 키우고, 부모는 아이의 변화에 유연하게 대처하는 능력을 키우게 됩니다.

부모가 아이에게 유연한 사고를 가르치기 위해서는 무엇보다 부모 자신이 먼저 유연한 시각을 갖추는 게 중요합니다. 어른이 된 우리는 자신도 모르게 특정 관점이나 방식에 익숙해져 있습니다. 하지만 아이들에게는 고정된 사고보다는 열린 시각으로 문제를 바라보는 능력을 키워줘야 합니다. 부모의 고정관념이나 편협한 사고는 아이에게도 그대로 반영되기 때문에, 부모는 먼저 자신의 시각과 태도를 돌아보고 점검해야 합니다. 그렇다면 부모가 먼저 유연한 사고를 키우기 위해서는 어떻게 해야 할까요?

1. 자신의 고정관념과 편견을 인식하고 이를 의식적으로 내려놓는 연습을 해야 합니다

예를 들어 부모에게 '공부를 잘해야 성공한다'라는 편견이 있다면, 아이는 불필요한 부담을 느낄 수 있습니다. 이런 부모는 성공의 기준을 학업 성취만으로 한정하지 않는 넓은 시야를 갖춰야 합니다. 아이가 예술, 스포츠 등 다양한 방면에서 성취감을 맛볼 수 있도록 다양한 성공의 기준을 인정하는 사고가 필요합니다. 이렇게 부모가 자신의 고정관념을 내려놓고 다채로운 삶의 가치를 인정할 때, 아이도 자신만의 독특한 길을 꿈꿀 기회를 얻습니다.

2. 부모가 일상에서 다양한 문제 해결 방식을 모색하는 모습을 아이에게 보여주는 것도 중요합니다

아이와 함께 차를 타고 가다가 길을 잃었을 때, 함께 키즈 카페에 갔는데 예상치 못하게 문이 닫혀 있었을 때, 마트에 아이가 찾던 물건이 없을 때 등 일상에서 사소하게 계획이 틀어지는 순간마다 당황하거나 짜증을 내기보다는, 다른 방식으로 문제를 해결하는 모습을 보여주세요. "이 길이 아니어도 괜찮아. 다른 길로 가도 돼", "오늘은 새로운 놀이터를 찾아가 볼까?", "이 김에 가까운 시장을 구경하러 가봐도 좋겠다" 등 아이가 다양한 해결책을 찾는 법을 배우도록 도울 수 있습니다.

3. 부모도 새로운 경험에 도전해야 합니다

부모가 평소 해보지 않았던 활동을 시도하고 아이에게 그 경험을 이야기하며, 그 과정에서 느낀 점이나 배운 점을 공유하는 것도 효과적입니다. "처음에는 낯설었지만, 생각보다 재미있었어"라며 유연한 태도로 경험을 대하는 모습을 보일 때, 아이는 자연스럽게 새로운 도전을 두려워하지 않게 됩니다.

4. 부모는 아이의 관점을 존중하는 태도를 갖춰야 합니다

아이가 "나는 공부보다 축구가 더 좋아"라고 말할 때, 부모가 "축구가 뭐가 중요해. 공부가 훨씬 중요하지!"라고 말하기보다는 "너는 운동을 즐기는구나. 어떻게 하면 더 즐겁게 축구를 할 수 있을까?"라고 아이의 생각을 존중하는 태도를 보여주세요. 아이는 자신이 좋아하는 것을 인정받으면 더 넓은 사고를 하게 됩니다. 부모가 아이의 의견을 존중하고 무언가를 스스로 결정할 수 있도록 지지할 때, 아이는 자신의 생각을 당당하게 표현할 수 있습니다. 만일 실패하더라도 이를 양분으로 삼아 더 깊이 사고하는 능력을 키우게 됩니다.

부모가 먼저 유연한 사고와 시각을 가지기 위해 노력하면 아이도 세상에 대한 다채로운 관점을 가질 수 있습니다. 부모의 작은 태도 변화는 아이의 사고방식을 키우고 아이가 더 넓고 깊은 사고를 할 수 있는 밑거름이 됩니다.

● TIP ●

통합적 사고란?

변화하는 상황을 여러 시선으로 바라보고 이해해 자신만의 해결책을 찾는 사고방식입니다.

"학원 선생님이 갑자기 바뀌었어. 나는 이전 선생님이 가르쳐주시는 게 익숙하고 편한데, 너무 당황스러워."

"다른 관점에서 생각해 보니 이것도 또 다른 문제 풀이 방법을 배울 기회가 아닐까? 새로운 선생님께 배우는 것도 그만의 장점이 있을 거야."

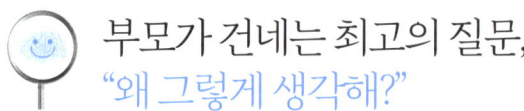

부모가 건네는 최고의 질문, "왜 그렇게 생각해?"

앞서 이야기했듯 아이들이 문제 상황에 닥쳤을 때 부모는 아이가 스스로 생각하고 답을 찾도록 해야 합니다. 이때 아이를 기다리며 건넬 수 있는 최고의 질문이 있습니다. 바로 "왜 그렇게 생각해?"라는 질문입니다. 이 질문은 아이가 자신의 생각을 깊이 있게 탐구하고, 사고 과정을 성찰하도록 만듭니다.

예를 한번 살펴볼까요? 서빈이는 학교에서 친구 유이와 다투고 돌아와 "나는 유이가 너무 싫어"라고 말했습니다. 평소라면 서빈이 어머님은 "아무리 그래도 친구한테 싫다고 하면 안 되지"라고 충고하거나, "그래도 가까운 친구니까 서빈이가 먼저 가서 화해하자고 해봐"라며 해결책을 주려 하셨을 겁니다. 하지만 이번엔 앞서 상담에서 얻은 조언에 따라 "왜 유이가 싫다고 생각해?"라는 질문을 던지셨습니다. 이 질문에 답하기 위해 서빈이는 자신이 유이에게 느낀 감정과 그 감정의 이유를 말로 설명하게 되었죠. 그리고 이내 자신의 마음을 더 정확히 깨달았습니다. "그러네, 엄마. 나는 유이가 싫은 게 아니라 유이가 너무 좋아서 서운한 거였어."

"왜 그렇게 생각해?"라는 질문에 답하는 동안 아이는 자신의 생각을 구체적으로 표현하는 힘을 기르고, 상황을 다른 관점에서 바라보는 훈련을 합니다. 부모의 질문은 아이가 충동적이거나 즉흥적인 생각에서 벗어나 좀 더 깊이 있는 사고로 나아가게 하는 계기가 되죠.

하은이 또한 이 마법의 질문을 통해 생각의 깊이를 넓힌 경험이 있습니다. 또래보다 유독 관찰력이 뛰어난 하은이는 친한 친구들과 어느 정도 자연스럽게 어울리게 된 이후로 학교에서 있었던 일을 굉장히 구체적으로 설명해 주고는 합니다. 그런데 하루는 아이가 억울해 죽겠다는 표정을 하고 집에 돌아왔습니다. 하은이의 친구인 영지가 다른 아이와 놀다가 억울한 일을 당했는데, 오히려 잘못한 아이가 감정을 주체 못 하고 울어버린 탓에 애꿎은 영지만 혼난 것입니다. 무엇보다 아이가 답답해했던 것은 자신이 그 순간 어떤 말도 하지 못했다는 사실이었죠. 하은이는 영지를 도와주고 싶었지만 선생님께 어떻게 말해야 할지 몰랐고, 괜히 일이 더 커질까 봐 주저했습니다.

"선생님 너무해! 아무 말도 안 듣고 영지만 혼내시고!"

화가 잔뜩 나 씩씩거리는 하은이에게 저는 조심스럽게 물었어요.

"하은이는 선생님이 너무했다고 느꼈구나. 왜 그렇게 생각했어?"

감정에 휩쓸려 말을 잇지 못하던 하은이는 이 질문을 듣고 한참 생각에 잠겼습니다. 얼마 뒤 아이는 전보다 차분해진 목소리로 이어서 대답했습니다.

"그 애가 영지한테 나쁜 말을 했는데, 울었다는 이유로 그 친구 얘기만 듣고 우리가 얼마나 속상한지는 안 들어주셨어."

"그랬구나. 너는 선생님이 두 사람의 얘기를 다 들어주지 않으신 게 가장 섭섭했구나."

그 말에 하은이는 감정이 조금 가라앉은 듯 고개를 끄덕였습니다. 저는 다시 물었습니다.

"그럼 다음에 같은 상황이 생기면 하은이는 어떻게 하고 싶어?"

"그땐 나도 손을 들고 말해볼래. 조금 무서울 수도 있지만……."

"그래. 그렇게 하은이가 하은이의 기분을 잘 알고 용기를 가져보는 마음, 그게 정말 대단하고 중요한 거야."

'왜 그렇게 생각했어?'라는 질문으로 시작된 그날의 대화는 단지 억울함을 풀어주는 시간이 아니라 하은이가 자신의 감정을 스스로 정리하고 이해하는 경험이 되었습니다. 그뿐 아니라 다음의 행동까지 새로운 시각에서 고민할 수 있게 도왔죠. 이처럼 "왜 그렇게 생각해?"라는 질문은 아이의 사고방식을 더 넓혀주는 문 역할을 합니다.

더불어 "왜 그렇게 생각해?"라는 질문은 부모와 아이 간에 신뢰를 쌓는 도구이기도 합니다. 아이가 이 질문에 대답할 때, 부모는 그 이야기를 경청하고 존중하는 태도를 보여줌으로써 아이가 감정과 생각을 안전하게 표현할 수 있는 환경을 조성합니다. 부모가 아이의 생각을 귀 기울여 들어주면, 아이는 더욱 자신감을 가지고 다양한 생각을 시도합니다. 반대로 부모가 "지금 바쁘니까 짧게 말해"라고 말을 끊거나 "무슨 그런 생각을 하니"라고 의견을 무시하면, 아이는 자신의 생각이 잘못된 것인가 의심하고 부모에게 이야기하는 것 자체를 피하게 되죠.

다만 "왜 그렇게 생각해?"라는 질문을 던질 때는 주의할 점이 하나 있습니다. 아이의 생각을 평가하거나 수정하려 하지 말고 존중해야 한다는 것입니다. 부모가 아이의 답변을 듣고 "그건 잘못된 생각이야"라거나 "그건 좋은 생각이야"라고 판단이나 평가를 내리면, 아이는 부모의 눈치를 보면서 답을 맞히려는 태도를 보일 수 있습니다. 따라서 "왜 그렇게 생각해?"라고 물어본 후에는 아이가 생각할 시간을 충분히 주고, 아이의 대답에 따뜻하게 반응해 주세요. "그렇구나, 그렇게 생각했구나"라며 아이의 생각을 있는 그대로 받아들여야 합니다.

이 외에도 "왜 그렇게 생각해?"는 다양한 상황에서 쓸 수 있습니다. 아이와 책을 읽고 나서 "그 부분에서 무엇이 좋았어? 왜 그렇게 생각해?"라고 물어보거나 무언가를 사달라고 할 때 "그게 꼭 필요하니? 왜 그렇게 생각해?"라고 확인하는 식이죠.

또한 부모는 이 질문을 함으로써 아이의 마음을 발견할 기회를 얻습니다. 아이의 순수한 사고에는 어른이 생각하지 못하는 독창적이고 참신한 시각이 담겨 있습니다. 아이가 하늘을 보며 "구름은 왜 하얀색이야?"라고 물어본다면 부모는 "너는 왜 하얀색이라고 생각해?"라고 물어봐 주세요. 아이가 자신의 상상력과 논리로 풀어낸 답은 어른들이 생각하지 못한 새로운 시선을 나눠줄 겁니다.

"왜 그렇게 생각해?"를 통해 유연하게 사고하는 아이는 한 가지 결론만을 답이라고 믿지 않습니다. 그렇기에 자신의 행동이 정답이 아닐까 봐 불안해하지도 않고, 다양한 상황 변화에 대한 대처 능력까지 갖추죠. 새 학기에 새로운 선생님과 친구들을 만나는 것을 걱정하기도 하지만, 더 좋아하는 친구를 만날 수도 있다는 것을 알기에 기대감도 함께 가질 겁니다.

문제 해결력은 단순히 빠르고 정확한 답을 찾는 능력이 아닙니다. 다양한 각도에서 문제를 바라보는 시각과 여러 가지 해결 방안을 고려하는 유연한 사고를 기반으로 합니다. 부모가 다양한 관점을 제시하고 아이에게 열린 질문을 던지며 스스로 생각할 기회를 줄 때, 아이는 문제 해결의 과정 자체를 즐길 수 있습니다.

아이는 실패를 통해 미래를 준비한다

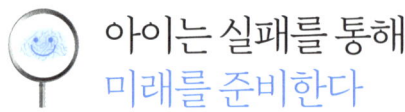

　긍정심리학의 선구자 마틴 셀리그만Martin Seligman은 저서 『전망하는 인간, 호모 프로스펙투스』(2021, 웅진지식하우스)에서 인간을 '호모 사피엔스(생각하는 인간)'가 아닌 '호모 프로스펙투스(전망하는 인간)'로 정의합니다. 인간은 본질적으로 미래를 상상하고 준비하는 존재이며, 기억과 경험은 단지 과거를 보존하기 위한 것이 아니라 앞으로의 상황에 대처하거나 다가올 미래를 계획하는 도구라고 말하죠.

　인간의 전망 능력은 변화와 불확실성의 시대에 더욱 빛을 발합니다. 세상은 점점 더 복잡해지고, 정해진 답이 없는 문제들이 등장합니다. 이러한 상황에서 다양한 시각으로 자신만의 답을 찾아가는 통합적 사고는 인간의 전망 능력을 뒷받침하는 강력한 도구로 작용합니다. 통합적 사고가 서로 충돌하거나 분리된 다양한 요소를 통합해 새로운 해법을 도출하게 돕기 때문이죠.

통합적 사고는 새로운 가능성을 탐구하는 유연성을 제공합니다. 인간의 전망 능력은 한 가지 답을 찾는 데 그치지 않고 다양한 시나리오를 상상하며 최적의 해법을 찾는 과정으로 이루어져 있습니다. 아이들에게 "이 방법이 안 된다면 다른 방법은 무엇일까?" 또는 "이 문제를 다르게 생각하면 어떤 답이 나올까?"라는 질문을 던짐으로써 전망 능력을 키워줄 수 있죠. 이렇게 다양한 실패를 미리 전망한다면 은진이나 세연이, 정민이처럼 변화를 두려워하는 아이들에게도 문제가 생겨도 해결하면 된다는 자신감을 심어줄 수 있습니다.

어떻게 변화할지 모르는 미래를 준비하기 위해 아이에게 필요한 단 하나의 태도가 있다면, 그것은 바로 실패를 두려워하지 않는 자세입니다. 미래를 준비하는 과정에서 실패는 피할 수 없는 요소입니다. 그렇기에 부모는 아이에게 실패를 잘 받아들이는 방법을 가르쳐야 합니다. 아이가 무언가를 시도했을 때 예상과 다른 결과가 나왔다면 "이 방법은 이런 결과가 나왔네, 다른 방법도 한번 생각해 볼까?"라며 긍정적으로 받아들여 주세요. 부모가 실패를 허용하는 분위기를 만들어주면 아이는 도전적인 문제에도 당당하게 맞서는 용기를 얻습니다. 아이가 실패를 경험할 때 부모가 그 실패를 자신의 책임이라고 생각하며 상처를 입는 경우도 있죠. 이런 때에는 부모가 그 감정을 인정하는 것이 먼저입니다. 실패해도 괜찮다는 메시지를 아이뿐만 아니라 자기 자신 또한 새기고 있어야 합니다. 그 태도가 아이에게도 실패를 넘어 다시 도전할 용기를 줄 테니까요.

저 또한 누군가의 관계에서 마음을 맞추는 일에 실패했다고 느낀 날이 있었습니다. 함께 일하는 분과 작은 오해가 생겨 마음이 무거운 하루였죠. 서로의 상황을 충분히 이해하지 못한 채 감정이 앞섰던 날을 보내고, 퇴근 후 하은이와 대화를 나누던 중 이 일을 자연스럽게 털어놓았습니다.

"오늘 엄마가 일하면서 마음이 좀 어려운 일이 있었어. 같이 일하는 분과 오해가 생겼는데 어떻게 풀어야 할지 고민이 되네."

하은이는 제 이야기를 조용히 듣다가 조심스럽게 대답했습니다.

"엄마, 원래 마음 그릇이 더 큰 사람이 먼저 사과할 용기를 갖고 있대."

아이의 말이 제 마음을 건드렸습니다. 그다음 날, 저는 동료에게 먼저 사과를 건넸고 오해도 무사히 풀 수 있었습니다. 집으로 돌아와 저는 하은이에게 그 이야기를 다시 전해주었습니다.

"하은이 말대로 엄마가 먼저 용기를 냈더니 다행히 일이 잘 풀렸어. 관계가 잘못되면 어쩌나 무섭기도 했는데, 피하지 않고 말하니까 오히려 마음이 편해졌어."

이날 아이와의 대화에서 저는 실패를 감추거나 외면하는 대신 솔직하게 마주하는 태도를 다시금 배웠습니다. 하은이가 불안을 극복하는 동안 "실패를 두려워하지 않아도 돼"라는 말을 몇 번이나 전했는데, 이제는 반대로 아이가 저에게 같은 조언을 건네주었습니다. 실패는 멈춤이 아니라 과정이며, 그 과정을 어떻게 마주하느냐가 더 중요하다는 사실을, 수십 번의 실패를 거쳐본 하은이가 전문가인 저보다 더 잘 알게 된 것입니다.

인간은 눈앞의 현재만을 바라보는 게 아니라 미래를 상상하며 살아갑니다. 그렇기에 불확실한 미래를 살아갈 아이들에게 통합적 사고는 단순한 기술 그 이상의 의미를 가집니다. 다양한 환경 변화와 실패에 부딪히더라도 나의 시각을 바꾸어 새로운 돌파구를 찾아내는 것. 그것이 통합적 사고와 함께 삶을 살아가는 방식이며, 다가올 세상에서 아이가 자신만의 길을 개척하게 할 힘입니다.

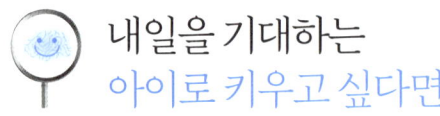
내일을 기대하는
아이로 키우고 싶다면

 아이가 넓은 사고방식과 시야를 갖고 미래를 준비하기 위해서 또 한 가지 필요한 것이 있습니다. 그것은 바로 '기대감'입니다. 하지만 눈에 보이지 않는 미래를 마냥 기대하기란 쉽지 않죠. 특히나 AI의 등장과 극심한 환경오염 등으로 격변하는 현대사회에서 우리 아이가 맞닥뜨릴 미래는 더더욱 불확실하고 불안하게 느껴질 것입니다.

 그럼에도 미래를 기대하는 마음은 현재의 삶을 변화시키는 강력한 힘이 됩니다. 미래에 대한 비전이 분명할수록, 우리는 지금 이 순간의 선택과 행동에 의미를 부여할 수 있습니다. 아직 오지 않은 미래가 마치 빛처럼 현재를 비추어주면서, 그 방향에 맞춰 하루하루를 살아가는 것입니다. 특히 아이들에게 있어 미래에 대한 긍정적인 이미지는 현재의 노력을 더욱 가치 있게 만듭니다. 예를 들어 아이에게 장래 희망이 생기면, 아이는 그 꿈을 이루기 위해 지금 무엇을 해야 하는지 자연스럽게 고민하게 되죠. 부모는 "지금 공부하는 그 과목이 어떤 영향을 미칠 수 있을까?", "그 꿈에 가까워지기 위해 다른 활동도 함께 해볼까?"라고 물어보며 현재의 행동을 변화시킬 수 있고요.

또한 미래에 대한 기대감은 아이가 세상을 더 넓고 낙관적으로 바라보는 데 큰 역할을 합니다. 아이가 상상하는 미래가 긍정적이고 희망찬 모습이라면, 그 세상 속에서 만나는 사람들과의 관계 또한 자연스럽게 긍정하게 되죠. 반면 아이가 미래를 걱정하고 두려워하기만 한다면 주변 사람들과의 관계 또한 무의미하다고 느끼고 부정적으로 봅니다.

미래에 대한 낙관적인 상상력을 가진 아이는 힘든 외부 환경 속에서도 자신만의 희망을 발견할 수 있습니다. 아이가 맞이할 환경이 어떻게 변화하더라도 적응하며 그 안에서 자신만의 행복감을 찾아내는 것입니다. 이를 위해서는 아이에게 현재에 감사하는 방법을 가르쳐야 합니다. 지금 눈앞의 상황에서 감사한 것을 찾아 아이에게 직접 말해주세요. 아주 사소한 것이라도 좋습니다. "우리

가족이 다 함께 둘러앉아 저녁 먹으니까 참 좋다", "네가 엄마한테 '학교 다녀왔습니다'라고 인사해줄 때마다 참 행복해" 등 현재 주어진 환경에 감사하는 말을 아이에게 자주 전해줘야 해요. 그 대화를 통해 아이는 어떤 곳에서도 행복을 찾을 수 있다는 것을 깨닫고, 미래를 더 긍정적으로 바라볼 수 있습니다. 행복 또한 이렇게 훈련을 거치면 얻을 수 있는 감정이라는 것을 부모도 아이도 인식하고 있어야 합니다.

아이에게 미래를 바라보는 눈과 현재를 살아가는 힘을 동시에 길러주세요. 이는 매우 의미 있는 교육이며, 단지 현재를 열심히 살아가는 것을 넘어 아이의 삶에 큰 자산이 됩니다. 그러니 아이에게 미래를 걱정하기보다 기대하는 마음을 심어주세요.

● TIP ●

미래를 기대하게 만드는 '행복감' 가르치기

아이가 변화하는 미래를 즐기기 위해서는 '행복감'을 알아야 합니다. 아래 방법을 통해 아이에게 올바른 행복감을 심어주세요.

① 행복 가치관 심어주기

아이들은 게임이나 유튜브 등 노는 것을 제지당하면 자신의 행복을 막는다고 오해하는 경향이 있습니다. 당장의 즐거움보다 더 큰 행복의 개념에 대해 알려줘야 해요.

② 막연한 낙관주의가 아닌 긍정적인 기대감 갖기

미래를 기대한다는 것은 아무 행동도 하지 않은 채 모든 일이 잘되기만을 바라는 것이 아닙니다. 그보다는 지금 실천한 행동이 미래에 좋은 방향으로 이어질 거라는 믿음이지요. 이를 구분하여 아이가 더 구체적인 미래 모습을 그리도록 도와주세요.

③ 부모부터 행복해지기

행복을 가까이서 느끼는 부모와 함께할 때 아이도 자주 행복해하고, 행복을 먼 성취로만 여기는 부모 아래서 아이는 행복은 얻기 힘든 것이라고 받아들입니다. 아이에게 행복을 전해주기 위해서라도 부모부터 먼저 자신의 행복을 소중히 여겨야 해요.

통합적 사고를 기르는 '현명한 해결 방법' 찾기

적응지능에서 말하는 통합적 사고란, 주어진 정보를 바탕으로 상황에 맞는 해결 방안을 찾는 능력입니다. 아래 활동지를 통해 아이가 단계적으로 문제를 파악하는 법, 적절한 해결책을 떠올리는 법, 그것을 다른 의견과 비교하는 법을 스스로 생각해 보도록 도와주세요.

① 문제를 명확히 하기
지금 해결해야 하는 문제를 최대한 짧은 단어로 나타내 보세요.
(예: 시간 관리, 친구와의 갈등, 공부 스트레스, 성적 관리 등)

....

....

② 다양한 시각으로 문제 바라보기
그것이 왜 문제라고 생각하나요?

....

....

그 일을 해결하면 무엇이 좋아지나요?

....

....

그 일을 해결하지 못했을 때 생기는 나쁜 점은 어떤 것들이 있나요?

....

....

③ 인지 유연성 키우기
위 문제를 해결할 수 있는 방법 세 가지를 적어보세요.

....

....

....

④ 나의 우선순위 찾기
내가 정말 중요하게 생각하는 것은 무엇인가요? 나를 행복하게 만드는 일, 나에게 소중한 것을 아래에 적어보세요.

....

....

....

앞서 적은 나에게 중요한 것들에 따라 ③에서 적었던 해결 방법 세 가지를 다시 생각해 보세요.

....

....

....

PART 5

부모에게도
적응지능이
필요하다

지금껏 우리는 아이가 빠르게 변화하는 환경에 휩쓸리지 않고, 자기만의 힘을 키워갈 방법에 대해 이야기했습니다. 하지만 아이의 적응지능을 살피기 전에 이것만큼은 꼭 묻고 넘어가야 합니다. 부모인 우리 자신의 적응지능은 어떤가요?

아이가 건강하게 적응지능을 키우기 위해선 부모 또한 균형 잡힌 적응지능을 갖추어야 합니다. 부모가 먼저 자신의 장단점을 수용할 수 있어야 아이에게도 건강한 자아상을 심어줄 수 있고, 부모가 아이에게 본보기를 보여야 아이도 부모를 모델링하며 적응지능을 키울 수 있으니까요.

아이에게 적응지능의 힘을 심어주기 위해 달려온 긴 여정을 마치며, 무엇보다 가장 중요한 부모의 마음가짐과 태도에 대해 살펴보겠습니다.

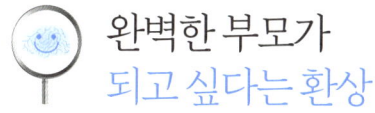
완벽한 부모가 되고 싶다는 환상

나무가 건강하게 자라기 위해서는 따뜻한 빛도, 적당한 물도 필요하지만 가장 중요한 것은 좋은 흙입니다. 영양분이 부족하고 메마른 토양에서는 나무가 뿌리를 내릴 수 없고, 물이 고인 토양에서는 뿌리가 썩어 제대로 자라지 못하죠. 육아에서 부모는 아이에게 토양과도 같은 존재입니다. 부모라는 토양이 건강해야만 아이도 비로소 건강하게 성장할 수 있습니다.

그렇기에 아이의 적응지능을 돌보기 위해서는 부모가 먼저 자신의 적응지능을 살펴봐야 합니다. 너무 지친 상태는 아닌지, 아이에게 스트레스와 압박을 주고 있진 않은지, 다루기 어려운 문제를 외면하거나 방치하고 있진 않은지 돌아봐야 하죠. 영양분이 부족한 토양에서는 나무가 자랄 수 없듯이, 부모가 너무 지친 상태라면 아이도 자라지 못합니다. 부모의 과도한 간섭은 물이 지나치게 고여 뿌리가 썩는 나무처럼 아이에게 스트레스를 주고, 부모의 방치는 메마른 땅처럼 아이를 시들게 합니다.

부모가 자신의 마음을 돌보고, 상태를 확인하고, 적응지능을 돌아보는 것은 건강한 토양이 되는 첫걸음입니다. 아이를 키우며 부모가 자신의 단점과 실수를 인정하는 건 쉽지 않습니다. 특히나 첫 아이를 키우는 부모라면, 그 또한 처음 겪어보는 엄마 혹은 아빠라는 역할에 최선을 다하려고 노력했을 터이기에 실수를 있는 그대로 받아들이는 게 더욱 어렵죠. '드라마나 유튜브에 나오는 부모들은 완벽하게 애를 키우는 것 같은데, 왜 나는 그러지 못해서 아이에게 상처를 주는 걸까?' 고민하고 괴로워할 수 있습니다.

하지만 어느 가정에도 '완벽한 부모'란 존재하지 않습니다. 겉으로 보기에 훌륭한 부모들도 육아에 능숙해지기까지 수많은 시행착오를 겪었을 것입니다. 또한 아이의 적응지능에 힘이 되는 것은 완벽한 부모가 아닙니다. 그보다는 부족함을 인정하고 그 안에서 최선을 다하는 부모가 아이에게 더 좋은 롤모델이 됩니다.

부모가 자신의 상태를 점검하고 균형을 맞추는 건 부모 자신만을 위한 일이 아닙니다. 그러니 자신을 미워하기보다는 수용하는 모습을, 자책보다는 실수에서 회복하는 모습을 아이에게 보여주세요.

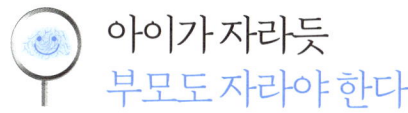
아이가 자라듯
부모도 자라야 한다

초등학교 저학년만 돼도 아이들은 부쩍 성장한 것처럼 보입니다. 고사리 같은 손으로 부모를 꼭 붙잡던 아이가 어느새 혼자 할 줄 아는 것도 많아지고, 자신의 주장을 내세우기도 하며, 가족과는 떨어져 자신만의 관계를 맺기도 하죠. 부모에게는 이런 아이의 변화가 낯설고 섭섭하게 느껴질 수도 있습니다.

하지만 부모의 최종적인 역할은 바로 아이가 자신의 손을 떠나도록 돕는 것입니다. 부모가 아이를 성장 단계와 관계없이 마냥 어린아이로 대한다면 아이는 온전히 자립할 수 없겠지요. 그렇다고 부모가 평생 아이의 일을 대신해 주거나 모든 문제를 해결해 줄 수도 없고요. 부모는 아이가 자신과는 분리된 하나의 인격체로 오롯이 자기 삶을 살아갈 수 있도록 천천히 그 손을 놓는 연습을 해야 합니다. 그렇다면 부모가 아이의 자립을 돕기 위해 할 수 있는 일은 무엇이 있을까요?

1. 부모가 주도적으로 자기 삶을 살아가는 모습을 보여주세요

아이에게 자립을 가르친다는 것은 단지 '혼자서 무언가를 해보게 하는 것'만을 뜻하지 않습니다. 진정한 자립은 '자율적으로 살아가는 모습'을 눈으로 보고 마음으로 느끼는 데서 시작되고, 아이에게 그 시작은 언제나 부모의 삶입니다. 부모가 하루하루를 의미 있게 살아내고, 힘든 날에는 솔직하게 감정을 돌보며, 끊임없이 배우고 도전하는 모습을 보여줄 때 아이 또한 삶이라는 여정을 주체적으로 살아야겠다는 마음을 품습니다.

'엄마한테도 힘든 날이 있지만 다시 일어서는구나.'

'아빠도 자신의 시간을 소중히 여기며 살아가는구나.'

이런 감각은 아이에게 말로 가르칠 수 없는 깊은 신뢰를 주며, 이 과정을 통해 부모는 아이의 롤 모델이 됩니다. 아이가 스스로 자신의 삶을 책임지기를 바란다면, 먼저 부모인 우리가 '내 삶을 자립적으로 살아가는 태도'를 보여줘야 합니다. 그 모습 하나하나가 아이에게는 '자립'이라는 가르침보다 더 강력한 메시지가 됩니다.

2. 아이의 시간과 공간을 존중해 주세요

아이는 부모의 시간에 맞춰 성장하지 않고 스스로의 속도와 방식으로 자라납니다. 아무리 부모가 손을 잡고 이끌어도 아이가 주저앉아 버리면 아무 소용이 없습니다. 그렇기에 아이가 독립적으로 자신의 길을 걷기 시작했을 때, 그 과정을 온전히 인정하고 기다려주는 자세를 갖춰야 합니다. '나는 내 아이의 성장을 지켜보는 사람이다'라는 문장을 마음에 새기며, 매일 아이의 발걸음을 조금 더 느긋한 마음으로 바라보겠다고 다짐해야 합니다.

아이의 시간, 아이의 공간을 존중하지 않으면 아이가 혼자만의 시간을 갖는 모습이 부모에게는 버릇없거나 충격적인 모습으로 받아들여질 수 있습니다. '나도 부모로서 배워가는 중이며 부모의 키도 아이의 키처럼 자라야 한다'라는 마음을 가져야 합니다. '나는 이미 성장한 성인이니 너와 달리 성장할 일은 없다'라는 경직된 자세는 변화하는 아이와 대립을 만듭니다. 부모인 나도 완벽하지 않으며, 아이와 함께 자라나는 존재임을 스스로에게 상기해야 합니다.

만약 아이가 자라며 자신도 모르게 서운함이나 허전함이 느껴진다면, 그 마음을 숨기지 말고 직면해야 합니다. 물론 나 스스로 직면하는 것이지 이 과정을 아이에게 표출하는 것은 절대 금물입니다. 일기를 쓰거나, 비슷한 고민을 가진 부모들과 대화하며 지금의 감정을 솔직하게 표현해 보는 것이죠. 이 과정을 통해 부모는 자신의 감정을 인식하고 조절하는 방법을 찾고, 자라나는 아이를 더 긍정적이고 뿌듯한 마음으로 바라볼 수 있습니다.

아이만이 아니라 부모에게도 성장통이 있다는 것을 기억해 주세요. 아이가 자라듯 부모도 자라야 합니다.

3. 아이의 삶을 '내 삶'처럼 끌어안지 않습니다

많은 부모가 '이 아이의 장래는 전적으로 나에게 달려 있다'라는 무거운 책임감을 안고 살아갑니다. 지금 내가 선택하는 육아, 교육, 지원 방식이 내 아이를 잘되게 할 수도, 반대로 잘못되게 할 수도 있다는 생각에 늘 고민하죠. 그래서 아이의 삶에 예상과 다른 일이 벌어질 때면 '내가 뭘 잘못한 걸까?', '내가 다른 방식으로 아이를 가르쳤어야 했나?' 하는 생각이 먼저 듭니다. 물론 이 또한 전부 사랑에서 비롯된 마음이지만, 이런 태도로 육아에 임하다 보면 어느 순간 아이의 삶 전체를 부모의 성과로 여기게 될 수 있습니다. 그 마음 때문에 아이의 작은 실수들이 '부모인 나의 실패'로 다가오고, 아이의 어려움 하나하나도 믿고 지켜볼 수 없게 되죠.

우리는 아이가 부모의 작품도, 부모가 전부 책임져야 할 결과물도 아니라는 것을 명심해야 합니다. 아이는 부모로부터 분리되어 자신의 삶을 살아가는 존재입니다. 부모가 아이의 삶을 자신의 책임으로 여길수록, 아이는 주체적으로 선택하고 도전을 경험할 권리를 잃게 됩니다. 반대로 부모가 아이의 삶을 '함께 걷되 대신하지 않는 태도'로 바라볼 때, 아이는 비로소 자기 삶을 스스로 책임지는 힘을 키워갈 수 있습니다.

현재가
아이 인생의 전부는 아니기에

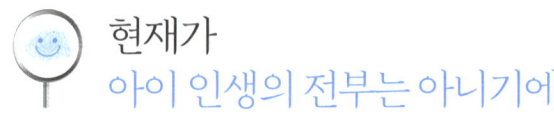

'우리 아이만 성장이 느린 건 아닐까?'

'우리 아이가 다른 아이들보다 뒤처지면 어쩌지?'

'우리 아이의 친구 관계에 문제가 있으면 어떡하지?'

아이를 키우며 한 번도 조급함을 느낀 적 없는 부모는 없을 것입니다. 아이가 유아기일 때는 유아기 시절에 겪는 고민이 있고, 아동기와 청소년기에는 그에 따른 또 다른 어려움이 생기기 마련이죠. 특히 아이가 남들보다 말이 늦거나, 친구가 별로 없거나, 기대한 만큼 성적이 나오지 않는 등 부족한 모습을 보일 때 부모의 불안은 더욱 커집니다.

그러나 이러한 불안은 아이의 현재 상태가 아이 인생의 전체를 결정지을지도 모른다는 왜곡된 생각에서 비롯된 경우가 많습니다. 심리학에서는 '결정론적 사고(deterministic thinking)'로 이런 생각을 설명하는데요. 이는 특정 사건이나 경험이 한 사람의 미래를 고정적으로 결론짓는다고 믿는 경향을 뜻합니다. 예를 들어 아이가 시험에서 낮은 점수를 받았을 때 이를 하나의 경험으로 받아들이지 않고 아이의 학업 전체가 부정적인 방향으로 결정되는 신호탄이라고 해석하는 것입니다. 이러한 결정론적 사고는 아이의 발달과 성장을 현실적인 관점으로 바라보는 데에 큰 방해가 됩니다.

혹시 아이의 한 부분만 보고 '어휴, 우리 애가 공부머리는 없나 봐'라며 평가하진 않았나요? 아이들은 언제나 성장 과정에 있습니다. 과정이라는 건 완벽하지 않아도 괜찮다는 것을 의미하죠. 아이는 배우는 과정에서 실수하기도 하고, 때로는 멈추거나 되돌아가기도 합니다. 그 시간 동안 아이는 새로운 것을 탐색하고 자신만의 속도로 성숙해집니다.

아이의 현재 모습은 절대 인생 전체를 결정짓지 않습니다. 순간의 실수나 실패는 인생의 한 부분일 뿐, 아이가 앞으로 걸어갈 여정에서는 작은 점에 불과합니다. 성장의 과정은 직선이 아니라 곡선과 굴곡, 멈춤과 도약으로 이루어져 있습니다. 아이가 자신의 속도에 맞게 자신만의 방법으로 걸어가도록 부모가 지켜보며 기다려준다면, 아이는 반드시 그 안에서 배움과 자신감을 얻습니다.

발명가 토머스 에디슨Thomas Edison은 "나는 실패한 적이 없다. 나는 단지 잘못된 방법을 1만 번 발견했을 뿐이다"라고 말했습니다. 아이도 마찬가지입니다. 실수와 실패는 단지 더 나은 길을 찾기 위한 시행착오일 뿐입니다. 그렇기에 아이에게 가르쳐야 하는 것은 실패하지 않는 법, 지지 않고 이기는 법, 넘어지지 않는 법이 아닙니다. 지금의 실패가 아이의 삶을 규정하고 인생을 결정하지 않는다는 것, 살다 보면 질 때도 있고 넘어질 때도 있다는 것, 견디기에 어려운 아픔도 있다는 것, 맑은 날이 있으면 흐린 날이 있듯 노력이 빛을 발하는 때가 있다면 노력이 인정받지 못하는 때도 있다는 것을 알려줘야 합니다.

부모가 '지금'에 집착하지 않고, 아이의 전체적인 여정을 믿어주는 순간 아이는 앞으로 나아갈 용기를 얻습니다. 그러니 아이가 저지른 실수 한 번으로 조급해하지 말고 "나는 언제나 네 편이야"라고 말해주세요. 부모도 아이도 한순간의 과정에 연연하지 않고 건강하게 서로를 지탱해 줄 때 아이의 여정은 더 행복해집니다.

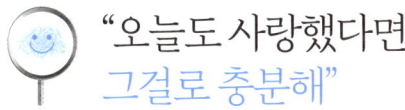
"오늘도 사랑했다면 그걸로 충분해"

　철학자 에리히 프롬Erich Fromm은 저서 『사랑의 기술』(2019, 문예출판사)에서 "사랑은 능동적인 관심이자 책임, 존중, 그리고 지식의 결합이다"라고 말했습니다. 에리히 프롬이 말하는 사랑은, 무엇보다 부모가 아이에게 느끼는 사랑이 아닐까 싶습니다. 부모가 아이에게 느끼는 사랑은 단순한 보살핌을 넘어 깊이 있는 관심과 책임이며, 성장해 가는 인간으로서의 존중과 이해가 담겨 있어야 합니다. 그리고 이 사랑은 본능으로만 이루어지는 것이 아니라 다양한 매체와 책에서 전달하는 지식을 필요로 하죠. 아이가 잘못했을 때, 실패했을 때, 심지어 부모의 기내에 부응하지 못했을 때도 부모는 관심과 책임, 존중을 바탕으로 아이를 품어야 합니다.

가끔 우리는 사랑을 따뜻한 감정, 아름답고 숭고한 마음이라고만 생각합니다. 아이를 키우는 여정에서 실상 사랑은 아름다움보다 고통에 가까울 때가 많습니다. 그러나 아이의 모습이 부족해 보여도, 실수하거나 잘못을 해도, 아이가 자신의 모습을 찾아가고 성장할 때까지 인내하고 기다려줄 수 있는 건 사랑의 힘 덕분일 것입니다.

언젠가 세상 앞에서 입을 닫아버렸던 저희 아이는 이제 매일 아침 집을 나서면 뒤도 돌아보지 않은 채 친구들에게로 뛰어갑니다. 그 작은 뒷모습을 볼 때마다 아이를 단단하게 지키고 키워준 사랑의 힘, 적응지능의 힘을 느낍니다.

많은 부모가 "내가 어릴 때는 몰랐는데 아이를 키우며 부모님의 마음을 비로소 이해하게 되었다"라고 말하죠. 이는 달리 말하면, 부모라는 자리에 서지 않고는 알 수 없는 삶의 영역과 사랑의 영역이 있다는 뜻이기도 합니다. 힘든 육아로 지치는 매일매일, 그럼에도 불구하고 다시 일어설 수 있는 이유는 바로 이 사랑 덕분입니다.

그러니 오늘도 나 자신과 아이에게 이렇게 말해주세요.

"오늘도 사랑했다면 그걸로 충분해."

아이와 나의 적응지능을 돌보기 위해,

내 마음에 단단히 심어놓을 문장을 적어보세요.

"나는 내 아이가 넘어져도 다시 일어날 것이라 믿는다."

"내가 믿는 만큼 아이는 자라날 것이다."

"나는 완벽한 부모가 아니라

아이와 함께 성장하는 부모가 될 것이다."

....

....

....

....

....

....

내 아이의 적응지능

초판 1쇄 인쇄 2025년 9월 11일
초판 1쇄 발행 2025년 9월 19일

지은이 방성애
펴낸이 김선식

부사장 김은영
콘텐츠사업본부장 임보윤
책임편집 이나영 **책임마케터** 지석배
콘텐츠사업10팀 이슬, 이나영, 김유리
마케팅2팀 이고은, 지석배, 최민경, 이현주
미디어홍보본부장 정명찬 **브랜드홍보팀** 오수미, 서가을, 김은지, 이소영, 박장미, 박주현
채널홍보팀 김민정, 정세림, 고나연, 변승주, 홍수경
영상홍보팀 이수인, 염아라, 김혜원, 이지연
편집관리팀 조세현, 김호주, 백설희 **저작권팀** 성민경, 이슬, 윤제희
재무관리팀 하미선, 임혜정, 이슬기, 김주영, 오지수
인사총무팀 강미숙, 이정환, 김혜진, 황종원 **제작관리팀** 이소현, 김소영, 김진경, 이지우, 황인우
물류관리팀 김형기, 김선진, 주정훈, 양문현, 채원석, 박재연, 이준희, 이민운
외부스태프 디자인 어나더페이퍼

펴낸곳 다산북스 **출판등록** 2005년 12월 23일 제313-2005-00277호
주소 경기도 파주시 회동길 490
전화 02-704-1724 **팩스** 02-703-2219 **이메일** dasanbooks@dasanbooks.com
홈페이지 www.dasan.group **블로그** blog.naver.com/dasan_books
종이 신승INC **인쇄 및 제본** 정민문화사 **코팅 및 후가공** 평창피엔지

ISBN 979-11-306-7079-9 03370

· 책값은 뒤표지에 있습니다.
· 파본은 구입하신 서점에서 교환해 드립니다.
· 이 책은 저작권법에 의하여 보호를 받는 저작물이므로 무단 전재와 복제를 금합니다.

다산북스(DASANBOOKS)는 독자 여러분의 책에 관한 아이디어와 원고 투고를 기쁜 마음으로 기다리고 있습니다. 책 출간을 원하는 아이디어가 있으신 분은 다산북스 홈페이지 '투고 원고'란으로 간단한 개요와 취지, 연락처 등을 보내주세요. 머뭇거리지 말고 문을 두드리세요.

부모와 아이의 6가지 적응지능 역량을 길러줄 미니북

내 아이의 적응지능

담은북

**어디서도 스스로를 지킬 줄 아는 아이,
아이와 함께 자라나는 부모를 위한 특별한 선물**

『내 아이의 적응지능』에서 적응지능을 키우기 위한 역량을 구체적으로 알아보았다면, 이제는 부모와 아이가 함께 적응지능을 돌보고 키워 나갈 때입니다. 이 별책은 본 책에 수록된 부록을 모아 보다 간편하고 실용적으로 활용할 수 있도록 정리한 미니북입니다. 적응지능의 여섯 가지 역량인 자기수용력, 이너리더십, 스캐폴딩, 사회지능, 회복기제, 통합적 사고를 키우는 활동지를 통해 부모는 아이에게 좋은 보호자가 되기 위해 필요한 힘이 무엇인지 살펴볼 수 있고, 아이는 변화하는 환경 속에서도 흔들리지 않고 자신을 지킬 힘을 기를 수 있죠.

워크지 속 부모가 채워야 할 질문들을 살펴보며 자신의 적응지능을 체크해 보세요. 또한 아이가 채워야 할 빈칸의 질문을 직접 건네며 대화하는 시간을 가져보세요. 부모의 생각과 아이의 의견을 메모나 그림 등으로 자유롭게 채워나가는 동안 나 자신과 내 아이에 대해 좀 더 깊이 이해하게 될 것입니다.

 세상이 두렵고 변화가 버거운 우리 아이들을 더 건강하고 자립적인 삶으로 이끌어주기 위한 도구, 적응지능을 이 미니북을 통해 부모와 아이가 함께 키워나갈 수 있기를 바랍니다.

적응지능의 첫 번째 역량, 자기수용력

부모와 아이가 함께하는 자기수용력 키우기

내 아이의 모습을 있는 그대로 인정하기 위해서는 부모가 먼저 자기 자신을 수용할 수 있어야 합니다. 아래는 부모가 자신의 자기수용력을 돌아보는 질문들이에요. 이 질문의 답을 돌아보며 '나'를 받아들이는 마음을 가져보세요.

: 부모 활동지 :

나를 되돌아보는 시간

① 어릴 적 나는 어떤 아이였나요?

② 현재 내가 가진 장점이나 강점은 무엇인가요?

③ 현재 내가 가진 단점이나 약점은 무엇인가요?

④ 나는 어떤 부모가 되고 싶나요?

⑤ 부모도 부모로서 성장하는 시간이 필요합니다. 좋은 부모가 되기 위해 노력하는 스스로에게 "그래도 잘하고 있어"라고 편지를 써볼까요?

To. 좋은 엄마/아빠가 되기 위해 최선을 다하고 있는 나에게

From. 너의 노력을 누구보다 잘 알고 있는 내가

: 부모 활동지 :
아이를 되돌아보는 시간

① 지금 우리 아이는 성장 발달 과정(영유아기, 아동기 초반, 아동기 후반, 청소년기) 중 어떤 시기에 있나요?

② 내 아이의 장점이나 강점은 무엇인가요?

③ 내 아이의 단점이나 약점은 무엇인가요?

④ 아이를 처음 만났던 날의 기분을 떠올려 볼까요?

⑤ 부모 눈에는 더뎌 보여도 아이는 분명 오늘도 어제보다 성장했습니다. 아이에게 "넌 네 자체로 보석같이 빛나고 있어"라고 말해주는 편지를 써볼까요?

To. 사랑하는 ___에게

From. 너를 너무 사랑하는 엄마/아빠가

: 아이 활동지 :
아이 스스로 자신을 되돌아보는 시간

부모가 자신의 자기수용력을 점검하는 동안 아이에게도 스스로를 돌아볼 시간이 필요합니다. 아래의 질문을 통해 아이가 자신의 마음, 생각, 가치관이 무엇인지 고민할 시간을 주세요.

① 내가 잘하는 것, 나의 좋은 점을 써볼까요?

② 내가 소중히 여기는 것들은 무엇이 있나요?

③ 최근에 한 일 중 스스로를 칭찬해 주고 싶은 일이 있나요?

④ 내가 생각하는 나의 단점이나 약점은 무엇인가요?

(예: 지각을 해요. 그 이유는 시간을 지키기 힘들어요.)

⑤ 위에 적은 나의 단점과 반대되는 행동을 적어보세요.

(예: 시간과 약속을 잘 지키는 것)

⑥ 5번과 같은 모습이 되기 위해 실천하고 싶은 일이 있나요?

⑦ '훌륭한 어른이 된 나'는 어떤 모습일까요? 구체적으로 상상해서 써볼까요?

적응지능의 두 번째 역량, 이너리더십

이너리더십을 단단하게 쌓는 8단계 공식

아이가 이너리더십을 쌓기 위해서는 아래 그림과 같은 과정이 필요합니다. 나에게 맞는 목표를 세우고, 작은 도전을 실천하고, 실패를 분석하여 재도전하는 과정이죠. 혼자서는 스스로를 이끌기 어려워하는 아이를 위해 부모가 함께 8단계의 공식을 따라 보세요. 각 과정은 구체적이고 자세할수록 좋습니다.

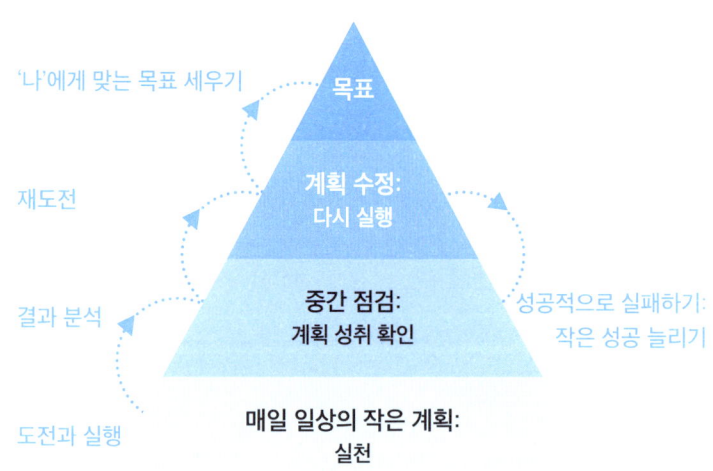

1단계: 나에게 맞는 목표 설정하기

아이의 장점과 단점을 고려해 현재 수준에 알맞은 목표를 아이와 부모가 함께 설정합니다.

나의 목표:

2단계: 구체적이고 실천 가능한 계획 세우기

목표 달성으로 향하는 단계를 그림으로 그려 계획을 세웁니다. 이때 중요하다고 생각하는 단계에는 색을 다르게 칠하거나 표시해 주세요.

😊 3단계: 부정적 감정 관리하기

아이가 실패에 대한 두려움, 불안에 의한 회피, 좌절감 등을 느낄 때 그 감정을 어떻게 다루어야 하는지 알려주세요.

목표를 위해 도전하면서 불안하거나 무서울 때 내 마음을 진정시켜 주는 일들을 찾아 적어보자. (ex. 크게 숨쉬기, 잠시 산책하기, 좋아하는 노래 듣기 등)

① _____
② _____
③ _____

😊 4단계: 주변 사람들과 환경을 이용하기

도서관, 인터넷 등 주변 환경을 이용하는 법, 전문가를 찾아가 직접 질문하는 법 등 다양한 해결책을 찾아주세요.

이번 도전을 진행하며 새롭게 알아낸 문제 해결 방법을 적어보자.

_____

_____

😊 5단계: 새로운 목표 설정하기

앞에서 수립한 계획에 차질이 생겼을 때 실패의 원인이 무엇인지를 아이와 함께 이야기해 봅니다.

_____

_____

_____

😊 6단계: 긍정적 자기 인식 강화시키기

지금까지의 경험을 회고하며 자기 자신을 긍정하는 마음과 목표를 세운 동기를 강화하는 단계입니다.

지금까지 도전하면서 성공한 일과 실패한 일을 적어보자.

이 과정에서 나를 믿고 응원해준 사람들을 떠올려 볼까?

😊 7단계: 옆 사람 도와주기

나보다 어린 동생이나 같은 도전을 하는 친구에게 어떤 도움을 줄 수 있을지 고민해 보는 것도 좋습니다.

오늘 나와 같은 목표를 갖고 노력하는 친구에게 어떤 도움을 주었는지 써보자.

 **8단계:** 목표와 계획을 재점검하고 기록하기

모든 과정을 재점검하고 기록해 성공과 실패, 도전과 성장이라는 데이터를 쌓습니다. 처음 세웠던 목표를 점검하고 실패와 실수를 정리하면서, 그 실패가 다른 결과로 이어지기도 한다는 것을 체감할 수 있습니다.

2단계에서 목표 달성을 위해 그렸던 그림을 현재 상황에 맞춰 다시 그려볼까요?

적응지능의 세 번째 역량, 스캐폴딩

아이의 근접발달영역과 부모가 제공해 줄 스캐폴딩 파악하기

아래의 그림을 보고 아이의 근접발달영역과 미발달영역을 파악해 봅시다.

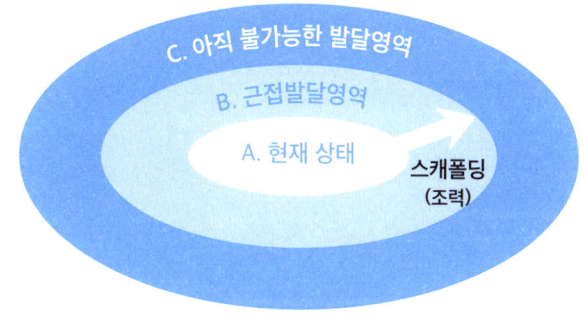

A. 아이가 혼자서도 쉽게 할 수 있는 일을 적어보세요.

B. 부모가 가이드라인을 조언했을 때, 아이가 혼자서 해낼 수 있는 일은 무엇인가요?

C. 부모가 대신 해주지 않으면 아직 아이 혼자 하지 못하는 일은 무엇인가요?

• 아이가 A에서 B까지 성장할 수 있도록 부모가 줄 수 있는 도움은 무엇이 있을지 생각해 봅시다.

적응지능의 네 번째 역량, 사회지능

다양한 관계의 깊이를 알려줄 사회지능 대화법

아래는 성장 발달 시기별로 바뀌는 아이의 관계 속에서 부모가 기억해야 할 포인트와 조언입니다. 이 내용을 토대로 아이가 각 성장 시기마다 적절한 사회적 관계를 맺을 수 있도록 지도해 보세요.

단, 대화를 나눌 때는 '아이가 누구와 친구가 될지 골라야 한다'가 아니라 '이 정도 거리감의 상대에게는 어떤 태도와 마음으로 다가가야 하는지'를 중점으로 둬야 합니다.

① 영유아기(0~5세)

- 관계의 특징 : 어린이집 친구, 같은 아파트 단지에 사는 또래 아이, 부모와 가까운 지인의 자녀 등 일시적이거나 상황 중심의 관계가 대부분입니다.

- 알려주어야 할 핵심 메시지 : 영유아기 아이는 아직 관계의 지속성과 깊이에 대한 개념이 없습니다. 그 탓에 처음 보는 사람에게도 지나치게 친근하게 굴거나, 낯선 사람과 거리 없이 상호작용하려는 경향을 보일 수 있어 주의해야 합니다.

- 아이가 경계와 기준을 세울 수 있게 돕는 부모의 말:

"오늘 놀이터에서 만난 친구랑 너무 재미있게 놀았다. 다음에 또 볼 수 있으면 좋겠다."

"이모가 엄마랑 친한 친구라서 오늘 우리가 같이 만난 거야."

"그 사람은 가족이 아니니까 손을 잡거나 꼭 안지 않아도 괜찮아."

"친구가 불편해하면 장난은 멈춰야 해."

"너는 안아주는 걸 좋아하지만, 어떤 친구는 싫어할 수도 있어."

- 내 아이의 상황에 맞게 해줄 수 있는 말을 적어볼까요?

"   "

"   "

"   "

② 아동기 초반(6~9세)

- 관계의 특징: 유치원과 초등학교에 입학하면서부터는 단순히 같이 노는 친구에서 벗어나 자주 만나는 친구, 비밀을 나누는 친구, 말이 잘 통하는 친구처럼 <u>각 관계의 농도와 성격을 구별</u>해야 합니다.
하지만 아직 그 기준이 명확하지 않아 관계의 차이를 인지하지 못해 모든 친구를 똑같이 여기거나 사소한 갈등에도 크게 상처 받기도 합니다.
- 알려주어야 할 핵심 메시지: 이 시기에는 <u>'친구'라는 말 아래에 여러 종류의 관계가 있다는 것을 자연스럽게 인식시켜주는 것</u>이 중요

합니다. 모든 친구가 내 마음을 다 이해해 주거나 배려해 주는 것은 아니라는 점, 서로의 차이를 받아들이는 것이 교우 관계에서 중요하다는 점을 서서히 배워야 할 때입니다. 아이가 감정이 상했을 때는 상대의 말보다 그 친구와의 평소 관계를 되돌아보게 해주는 질문이 큰 도움이 됩니다.

- 아이가 서로 다른 관계의 깊이를 구분하게 하는 부모의 말:
"친구라고 다 똑같이 친한 건 아니야. 자주 만나서 마음을 나누는 친구가 있고, 시간이 맞을 때만 함께 지내는 친구도 있어."
"친구가 아무 말이나 했다고 너무 속상해하지 말고, 정말 널 생각해 주는 친구가 누구인지 먼저 떠올려 봐."
"오늘 같이 놀았던 친구는 어땠어? 네가 싫어하는 행동을 알아채고 멈춰줬던 적 있었어?"
"네가 힘들 때 옆에 있어주는 친구가 있다면, 그건 정말 고마운 관계야."

• 내 아이의 상황에 맞게 해줄 수 있는 말을 적어볼까요?
"   "
"   "
"   "

③ 아동기 후반~청소년기(10~13세 이후)

- 관계의 특징: 이 시기의 아이들은 <u>같은 관심사를 나누는 친구를 곧 '절친'으로 여기기 쉬우며, 단기간에 급속도로 가까워진 친구 관계를 실제보다 더 깊고 안정적인 관계로 인식</u>하기도 합니다. 특히 온라인에서 소통하는 친구에게 과한 친밀감을 느끼는 경우도 많아지죠.
하지만 정작 중요한 감정의 교류나 상호 신뢰는 약한 경우가 많기 때문에, 작은 말 한마디나 태도 변화에도 마음이 크게 흔들리고 상처 받는 일이 잦습니다.

- 알려주어야 할 핵심 메시지: <u>'친해 보이는 것'과 '진짜 가까운 관계'가 다를 수 있다는 점을 알려주는 것</u>이 중요합니다. 모든 친구가 깊은 고민을 나눌 수 있는 대상은 아니며, 연락 빈도나 대화량이 곧 관계의 신뢰도를 의미하지는 않는다는 점을 이해해야 합니다. 관계에서 상처 받았을 때, 그 친구가 어떤 상황에서 어떻게 행동해 왔는지를 되돌아보며, 이 관계가 마음을 나누기에 안전한지를 스스로 점검할 수 있도록 도와주세요.

- 아이가 안전하게 관계를 맺을 수 있도록 돕는 부모의 말:
"모든 사람이 네 고민을 들어줄 수 있는 친구는 아니야. 말 한마디에 마음이 흔들릴 땐, 그 사람이 너랑 얼마나 가까운지 생각해 봐."
"온라인에서 자주 얘기하고 잘 통하는 것 같아도 정말 네 마음을 이해해 주는 사람인지는 다를 수 있어."

"진짜 친구는 네가 힘들 때 어떻게 반응하는지가 달라. 너라면 네가 정말 좋아하는 친구가 힘들어할 때 어떤 말을 해주고 싶어? 너에게 그런 말을 해주는 친구는 누구야?"

"네 기분이 자꾸 안 좋아질 때는 그 친구가 너한테 어떤 영향을 주는지 한번 생각해 보는 게 좋아."

• 내 아이의 상황에 맞게 해줄 수 있는 말을 적어볼까요?

" "

" "

" "

적응지능의 다섯 번째 역량, 회복기제

부모와 아이가 함께 숨을 고르는 BRAVO 연습

부모의 BRAVO 실천법

아래의 질문을 통해 부모가 먼저 자신의 회복력을 점검하고, 아이를 돕기 위한 준비를 할 수 있습니다.

B: 숨 고르기
- 최근 마음이 힘들었을 때 나의 감정은 어땠나요?

- 내 마음을 편하게 만드는 방법을 알고 있나요?

R: 관계 살피기
- 내게 힘이 되어주는 사람은 누구인가요?

- 아이가 힘들어할 때 말없이 함께 있어준 적이 있나요?

- 최근에 아이와 마음을 나눈 순간은 언제인가요?

☺ A: 수용성 살피기
- 자신에게 "괜찮아. 이건 내 잘못이 아니야"라고 말해준 적이 있나요?

- 힘든 마음을 즉시 해결하려고 하지는 않았나요?

☺ V: 가치 있는 목표 찾기
- 나를 지탱해 주는 가장 중요한 가치는 무엇인가요?

- 자녀에게 의미 있는 목표를 어떻게 심어줄 수 있을까요?

- 지금 해야 하는 일이 아니라 하고 싶은 일을 할 수 있다면, 어떤 일이 먼저 떠오르나요?

😊 O: 극복 경험 쌓기

- 살면서 힘들었지만 이겨낸 경험을 구체적으로 떠올려 보세요. 그때 나를 버티게 한 힘은 무엇이었나요?

- 아이가 어려운 순간을 겪을 때, 내가 해줄 수 있는 가장 좋은 응원은 무엇일까요?

아이의 BRAVO 실천법

아이가 스스로 자신의 감정을 인식하고 회복을 연습할 수 있도록, 아래 질문과 미션을 건네주세요.

① B: 숨 고르기

- 최근에 용기를 냈던 일을 떠올려 볼까?

- 힘을 내기 어려울 때, 나를 응원해 줄 사람은 누구일까?

- 다음번에 나는 어떤 작은 도전을 해보고 싶을까?

- Mission!

    용기를 내야 하는 순간이 오면 '숨을 먼저 크게 들이쉬고 내쉴 거야!'라고 생각하며 실천해 보기

☺ ② R: 관계 살피기
- 내가 내 마음을 가장 편하게 이야기할 수 있는 사람은 누구지?

- 오늘 하루 동안 내가 고마웠던 사람은 누구였을까?

- 힘들어하는 사람에게 나는 어떤 말을 해주고 싶을까?

- Mission!

    오늘 하루 친구 한 명의 이야기를 조용히 끝까지 들어주기

☺ ③ A: 수용성 살피기
- 나는 언제 슬프거나 속상해질까?

- 그럴 때 내 감정을 어떻게 표현하면 좋을까?

- Mission!

  오늘 하루 내 감정을 솔직하게 적어보고 "지금의 감정을 그대로 받아들여도 괜찮아"라고 말해보기

☺ ④ V: 가치 있는 목표 찾기
- 내가 가장 좋아하는 것은 무엇일까?

- 내가 앞으로 잘하고 싶은 것은 무엇일까?

- 그걸 하면서 내가 가장 기쁠 때는 언제일까?

- Mission!

  내가 좋아하는 것을 작은 목표로 만들고 부모님과 함께 이야기 나누기

⑤ O: 극복 경험 쌓기

- 내가 어려운 순간을 이겨낸 때를 떠올려볼까?

- 그때 어떤 기분이었고 어떻게 해결했을까?

- 다음에 비슷한 어려움이 오면 어떻게 해볼 수 있을까?

- Mission!

 어려움을 극복한 순간을 그림으로 그려보거나 부모님께 이야기해 보기

적응지능의 여섯 번째 역량, 통합적 사고

통합적 사고를 기르는 '현명한 해결 방법' 찾기

통합적 사고란, 주어진 정보를 바탕으로 상황에 맞는 해결 방안을 찾는 능력입니다. 아래 활동지를 통해 아이가 단계적으로 문제를 파악하는 법, 적절한 해결책을 떠올리는 법, 그것을 다른 의견과 비교하는 법을 스스로 생각해 보도록 도와주세요.

① 문제를 명확히 하기
- **지금 해결해야 하는 문제를 최대한 짧은 단어로 써 보자.**
  (예: 시간 관리, 친구와의 갈등, 공부 스트레스, 성적 관리 등)

② 다양한 시각으로 문제 바라보기
- **그것이 왜 문제라고 생각해?**

- 그 일을 해결하면 무엇이 좋아질까?

　

- 그 일을 해결하지 못했을 때 생기는 나쁜 점은 어떤 것들이 있을까?

　

③ 인지 유연성 키우기
- 위 문제를 해결할 수 있는 방법 세 가지를 적어보자.

😊 ④ 나의 우선순위 찾기

• 내가 정말 중요하게 생각하는 것은 무엇일까? 나를 행복하게 만드는 일, 나에게 소중한 것을 아래에 적어보자.

• 앞서 적은 나에게 중요한 것들에 따라 ③에서 적었던 해결 방법 세 가지를 다시 생각해 볼까?

빠르게 변화하는 시대,
적응지능은 우리 아이가
외부 환경에 휩쓸리지 않고
자기만의 방향을 찾아가도록 도울 나침반입니다.

개인의 노력으로는 어찌할 수 없는 변화를 맞닥뜨릴 때,
무너지지 않고 기댈 수 있는 다정한 마음의 힘을
부모와 아이 모두 찾아갈 수 있기를
진심으로 응원합니다.